Cinquante avions célèbres

et les exploits de leurs équipages

MH434
B

Sommaire

Introduction

Cinquante avions célèbres

Jacques Remlinger en 1997

J'eus la chance de bien connaître Jacques Remlinger, à la mémoire duquel je dédie cet ouvrage.
C'était un pilote de Spitfire appartenant aux Forces Aériennes Françaises Libres.
L'entendre évoquer ses souvenirs de sa voix grave, chaude et mélodieuse, l'entendre minimiser son courage et sublimer ses engagements, c'était une grâce.
Lorsqu'il parlait d'amour ou d'honneur, les mots reprenaient un sens logique, simple et pur.
Si je passais un moment en sa compagnie, une soirée dans un bar quelconque, j'en ressortais toujours transporté, exalté.
J'admirais sa façon d'être, qu'il s'agisse de boire un verre de whisky ou de se lever devant une femme. Son éducation était ferme autant qu'élégante ; c'était un maître.
Parfois, lorsqu'énervé par quelque énormité avancée par un admirateur de rencontre, il répliquait soudain : *« c'est pour que vous puissiez dire cela que mes copains sont morts ! »*

Notre vie d'aujourd'hui est le résultat direct des conflits d'hier.
Puissions-nous toujours avoir des Jacques Remlinger, à la bonne place et au bon moment.

Les cinquante avions qui composent ce livre ont tous, de près ou de loin, marqué les conflits qu'ils ont traversés.
Ils ont été photographiés dans les quelques manifestations aériennes où ils volent encore ; maintenus à grands frais et au prix d'efforts continus, par des associations ou des amateurs fortunés.
Leur remise en état de vol fut souvent l'objet de longues restaurations, parfois déroulées sur des décennies.
Ce sont les derniers représentants d'une époque où le sens du devoir et celui du sacrifice étaient des valeurs communes, quelle que fût la nation à laquelle on appartenait.
Si aujourd'hui les pilotes qui s'installent à leurs commandes sont des gens d'expérience, il faut se souvenir qu'à l'époque, ils n'avaient que 22 ou 23 ans en moyenne. C'est la raison pour laquelle, dans ce texte, je me suis davantage attaché aux hommes qu'aux machines. De même lorsque ces appareils étaient en service, leurs caractéristiques et leur désignation pouvaient radicalement changer, selon l'année d'utilisation ou l'usine qui les fabriquait. En conséquence et afin de ne pas compliquer la lecture, les données techniques ne sont abordées qu'à titre indicatif.

Supermarine

Supermarine 'Spitfire' Mk IX

Le célèbre « Mark IX » est l'une des versions les plus connues du légendaire chasseur britannique Spitfire (« cracheur de feu »). Il avait pourtant été conçu dans l'urgence, comme solution transitoire destinée à contrer l'apparition du redouté Focke Wulf 190 allemand. Entré en service courant 1942, ses qualités de maniabilité, de vitesse (de l'ordre de 656 km/h) et d'armement (2 canons de 20 mm et 4 mitrailleuses de 7,7 mm) étaient telles qu'il restera en service jusqu'à la fin de la guerre.

Le 17 juillet 1944, quatre « Spit » Mk IX sont en patrouille du côté de Livarot, en Normandie, lorsqu'ils aperçoivent un groupe de chasseurs allemands en même temps qu'une grosse voiture d'état-major filant sur une route en ligne droite. Le leader et son ailier s'occupent des avions ennemis tandis que la deuxième paire pique sur la voiture et la mitraille. Elle transporte l'un des chefs allemands les plus redoutés du Front Ouest : le maréchal Erwin Rommel. Il est grièvement blessé et ne reviendra jamais au combat, c'est un tournant de la bataille de Normandie.
Dans son livre *L'histoire vécue,* publié en 1998, Pierre Clostermann révéla que l'un des deux pilotes était un Français Libre… Il s'agissait de son meilleur ami : Jacques Remlinger.

SPIRIT OF KENT

Supermarine 'Spitfire' PR 19

Version de reconnaissance dérivée du Mark XIV, le « PR » — pour *« photographic reconnaissance »* — était capable de voler et de photographier à des altitudes de l'ordre de 12 000 mètres. Cette performance peu commune à l'époque de son entrée en service, en juin 1944, lui permettait d'échapper à quasiment tous les chasseurs ennemis à hélice. C'était l'un des premiers avions de combat pressurisés, raison pour laquelle il ne possédait pas la petite portière habituellement située à gauche du pilote. Ce n'était pas un avion de tout repos : son hélice à cinq pales tournait dans le sens inverse des autres et obligeait le pilote à repenser toutes ses actions réflexes. Car sur un avion de cette puissance, le couple de renversement — la tendance qu'a l'avion à tourner autour de l'hélice — était si puissant qu'une remise de gaz brutale pouvait le faire passer sur le dos. Près du sol, il valait donc mieux savoir dans quel sens il pouvait partir !

Développant plus de 2 000 ch, le moteur Rolls Royce « Griffon » propulse le Spitfire Mk XIV à une vitesse de l'ordre de 720 km/h, raison pour laquelle ce type de « Spit » est affecté en priorité à la chasse des bombes volantes V1, lorsque celles-ci apparaissent au-dessus de l'Angleterre vers juin-juillet 1944.
C'est au cours de l'une de ces interceptions que le pilote Français Libre Jean Maridor disparaît. La légende rapporte qu'en poursuivant un V1, il se rendit compte que l'engin risquait de tomber sur un hôpital, il s'en approcha alors, trop près, pour être sûr de l'abattre ; l'explosion de la bombe volante entraîna la destruction de son Spitfire.

ROLLS-ROYCE

Morane Saulnier MS 406

Avec une vitesse maxima d'à peine 500 km/h et un armement composé d'un canon de 20 mm et de 2 mitrailleuses de 7,5 mm, le Morane 406, pourtant décrit avant-guerre comme le *« meilleur chasseur du monde »*, est un modèle totalement dépassé en mai 1940.
Face aux Messerschmitt BF 109 E qui volent et grimpent quasiment deux fois plus vite, les pilotes français ne peuvent opposer que leur courage et leur entraînement, auxquels ils tentent d'additionner les rares points forts de leur Morane : une excellente maniabilité et... une capacité étonnante à encaisser les coups.
Malgré ces carences et une complète inefficacité des systèmes d'alerte et de commandement, les MS 406 afficheront un tableau de près de 200 victoires durant la Bataille de France.

Alors affecté au Liban dans une escadrille française soumise au gouvernement de collaboration dirigé par le maréchal Pétain, un pilote nommé Jean Tulasne décide, le 5 décembre 1940, de s'évader à bord de son Morane 406. Simulant des ennuis à la radio, il disparaît définitivement au travers d'une couche de nuage et réussit à se poser en Palestine, alors en secteur britannique.
Alors qu'une messe est célébrée à sa mémoire, il signe un engagement dans la RAF, et devient le premier commandant du groupe de chasse « Alsace » de la France Libre, équipé lui aussi d'une petite douzaine de Morane 406 à bout de souffle.
Injuste symbole de la défaite, le vieux chasseur français tire sa révérence en allumant ainsi l'une des toutes premières lueurs d'espoir menant vers la liberté.
Quant à Jean Tulasne, il tombe deux ans plus tard en Russie, à la tête du déjà prestigieux régiment de chasse *« Normandie »* (ainsi que l'on nomme les escadrilles en URSS), qui deviendra plus tard le *« Normandie-Niémen »*.

7
BRETAGNE

Conçu à l'origine comme un avion de ligne, le Ju 52 eut un franc succès à travers le monde avant de connaître le baptême du feu dès 1932, lors d'un conflit qui opposa la Bolivie et le Paraguay. Il devint plus tard un vrai bombardier, opérant sous les couleurs de la *« Légion Condor »* : un groupe d'aviateurs volontaires, envoyé par l'Allemagne nazie en Espagne pour soutenir les forces nationalistes du général Franco. Mais c'est durant le second conflit mondial que ce robuste trimoteur à la cellule si particulière — en tôle ondulée — gagna sa célébrité. Symbole des succès fulgurants de la Wehrmacht comme de ses défaites, employé le plus souvent comme avion-cargo, ambulance volante ou transport de parachutistes, le Ju 52 devint vite la plus belle des visions offertes aux soldats allemands, lesquels le surnommaient *« tante ju »* et lui vouaient un attachement fusionnel. Durant la bataille de Stalingrad, il constitua le gros des effectifs du pont aérien établi pour tenter de ravitailler la VIe armée encerclée du général Paulus. Jusqu'au dernier moment et par des températures de -30°C, les Ju 52 constitueront le dernier espoir des blessés promis à une mort certaine. Malgré sa faible vitesse de 275 km/h et sa capacité d'emport d'à peine deux tonnes, le Junkers Ju 52 — un avion conçu au début des années trente — resta en ligne jusqu'à la fin du conflit, reprenant même du service en Indochine sous les couleurs françaises !

Junkers Ju 52

Avril 1945, Berlin est assiégée ; pour les nazis, c'est la fin.
A partir de l'aérodrome de Gatow, le dernier encore aux mains des Allemands, les rares appareils disponibles évacuent archives et passagers chanceux vers la Bavière. Pour tenter d'échapper à la chasse alliée désormais maîtresse du ciel, ils décollent généralement vers 2 heures du matin pour arriver avant l'aube.
Dans la nuit du 20 au 21 avril, tous ceux qui réussissent à décoller parviennent à destination, sauf un. C'est l'un des derniers Ju 52 de la Lufthansa et il est piloté par le major Freidrich Gundelfinger, un vétéran de cette compagnie. Lorsqu'il apprend la nouvelle, Hitler est atterré : l'appareil transporte des papiers personnels qu'il juge : *« de la plus haute importance, qui témoigneront de mes actes devant la postérité. »* Il semble bien que le trimoteur transporte le journal intime du dictateur. L'épave est retrouvée carbonisée au niveau de la commune de Glienig/Steinreich, en bordure de la forêt de Bavière. Les paysans enterrèrent les cadavres, et aujourd'hui encore une pierre signale l'endroit du crash. Quant aux papiers secrets, nul n'en entendit plus jamais parler...

LUFTHANSA
D-CDLH

Polikarpov I-16

Lorsque les forces allemandes attaquent l'URSS en juin 1941, ce petit appareil constitue le gros de la chasse russe. Premier chasseur monoplan à train rentrant au monde, il a pourtant connu le feu bien plus tôt — durant la guerre d'Espagne — là où son air trapu lui valut le surnom peu flatteur de « *Rata* » (« rat »). Mais de leur côté, les Russes l'appellent « *Mochka* », du nom d'une petite mouche très agressive. Cela lui convient parfaitement car bien qu'il soit dépassé face aux Messerschmitt BF 109, le I-16 est d'une telle maniabilité qu'il en devient particulièrement difficile à abattre. Durant les jours sombres de 1941, il est quasiment seul à s'opposer à la Luftwaffe et des dizaines de ses pilotes vont même jusqu'à percuter leur adversaire lorsqu'ils sont à court de munitions. Le petit monomoteur est tellement robuste que ce faisant, plusieurs auront tout de même la vie sauve.

Utilisé jusqu'en mars 1943, le Polikarpov I-16 est l'un des premiers chasseurs à être équipé de roquettes de type RS-82. Ces projectiles autopropulsés sont utilisés aussi bien contre des objectifs terrestres que des avions ennemis.
Le 12 mars 1942 au retour d'une mission au dessus du lac Ladoga, le lieutenant Vasily Golubev repère deux Messerschmitt BF 109 F. C'est le chasseur dernier cri de la Luftwaffe, un adversaire théoriquement mortel pour le « *Mochka* ». Déjà titulaire de 13 victoires, Golubev sait néanmoins tirer le maximum de son petit monoplan. Se présentant en face à face, il abat un premier Allemand avec ses armes de bord tandis que le second amorce une montée en chandelle en profitant de sa vitesse ascensionnelle largement supérieure. Mais le petit Polikarpov effectue un virage tellement serré qu'il se retrouve dans sa queue et lui lâche aussitôt ses quatre RS-82. Elles explosent autour et à proximité de son adversaire. Golubev pense tout d'abord que le BF 109 va lui échapper, lorsque soudain l'empennage se détache, précipitant le chasseur nazi au sol. Avec son I-16 datant de deux générations précédentes, Vasily Golubev vient d'abattre deux des meilleurs chasseurs de la Luftwaffe, réussissant du même coup l'un des premiers tirs de roquettes air-air de l'histoire. Le pilote russe survivra à la guerre et affichera 41 victoires (dont 14 en collaboration) à la fin des hostilités.

Technikmuseum
Sinsheim
9
D-EPRN

Hawker Hurricane

Le Hurricane (« ouragan ») est le premier chasseur britannique monomoteur monoplan. Après une brève apparition durant la Bataille de France, c'est dans le ciel britannique et pendant l'été 1940 qu'il va se couvrir de gloire en devenant le véritable vainqueur de la Bataille d'Angleterre. Injustement éclipsé par son jeune frère le Spitfire, le Hurricane constituait pourtant, à cette époque, les deux tiers de l'effectif du Fighter Command, et il abattit plus d'avions ennemis que tous les autres moyens de défense réunis.

Plusieurs pilotes célèbres s'illustrent à ses commandes dont le fameux Douglas Bader, qui a pourtant perdu ses deux jambes lors d'un accident d'avion avant la guerre. Peter Townsend est quant à lui bien plus connu pour son histoire d'amour avec la princesse Margaret que pour ses exploits aux commandes d'un Hurricane. Il est pourtant commandant d'escadrille durant la Bataille d'Angleterre et abat 6 appareils allemands.

Mais le lieutenant James Nicolson reste dans l'histoire comme le seul pilote du Fighter Command à avoir obtenu la plus haute décoration britannique : la Victoria Cross.

Le 16 août 1940 — au plus fort de la Bataille d'Angleterre — il est touché par un chasseur allemand qui le blesse à deux reprises et met le feu à son Hurricane. Au moment de sauter, il voit soudain un autre appareil ennemi devant lui. Se rasseyant dans le siège de son avion en flammes, il vise, tire et descend son adversaire avant de réussir à évacuer son monomoteur, arrivant au sol vivant mais grièvement brûlé.

Traversant tout le conflit, James Nicolson disparaît en tant que simple passager, à bord d'un B-24 qui prend feu et tombe dans le golfe du Bengale. Nous sommes le 2 mai 1945, six jours avant la fin de la guerre en Europe. Son corps ne fut jamais retrouvé.

KZ321
N
JV

Curtiss

Curtiss C-46 *Commando*

Avec son dessin de fuselage très particulier, le Curtiss Commando attire l'œil. Beaucoup moins célèbre que le C-47 Skytrain avec lequel il est souvent confondu sur les photos, il n'en reste pas moins un avion-cargo très important de la seconde guerre mondiale. Bien plus gros et plus puissant que son aîné, son fuselage en double lobe permettait l'emport, rien que sous le plancher, de charges pouvant dépasser les deux tonnes. Quant à la partie supérieure, elle en accueillait trois de plus. Chacun de ses deux moteurs Pratt and Whitney R-2800 développait 2 000 ch et le faisait filer à près de 440 km/h. Près de 50 parachutistes pouvaient sauter de l'appareil, avec l'avantage — non négligeable par rapport au C-47 — de les évacuer par deux portes arrière au lieu d'une seule.

Le conflit terminé, on retrouve les C-46 dans différentes compagnies aériennes civiles, telle la Luxair au Luxembourg. Il ne disparaîtra vraiment du ciel commercial que vers le milieu des années soixante.

Le Curtiss Commando n'arrive que tardivement sur le front européen, et l'une de ses premières opérations d'envergure est le parachutage massif lié au franchissement du Rhin en mars 1945.

Mais c'est en Birmanie qu'il se taille vraiment sa part de gloire, lors du pont aérien destiné à ravitailler, depuis l'Inde, les troupes du général Tchang Kaï-chek aux prises avec les Japonais en Chine. Ce pont aérien est surnommé *« the Hump »* (la « bosse »), car il passe au-dessus des plus hauts sommets du monde, ceux de la chaîne de l'Himalaya (6 700 mètres). Le C-46 est l'un des très rares avions-cargos capables d'en franchir les crêtes. Au plus fort du pont aérien, un avion décolle d'Inde toutes les 75 secondes et ce par tous les temps. La situation en Chine est en effet à ce point dramatique que le commandement américain a décrété qu'il n'y a *« plus de météo sur la bosse »* ; cela signifie simplement que les avions doivent passer coûte que coûte. Les équipages qui assurent ce pont aérien n'ont jamais reçu d'éloge de la part des pilotes de chasse ou de bombardiers, mais leur travail n'en est pas moins dangereux. Plus de mille avions disparaissent entre mai 1942 et novembre 1945 — soit quasiment un avion par jour — perdus à cause des conditions météo ou de la chasse japonaise.

Organisateur de génie, le général William Turner a pris en charge l'opération à partir de 1944. Très grand spécialiste du transport aérien militaire, c'est lui qui organisera plus tard le pont aérien sur Berlin en 1948.

China
Doll

Klemm

Klemm Kl 35

Ce petit appareil allemand fit sa première apparition publique en 1935 et son aspect résolument moderne pour l'époque lui valut un succès immédiat. La Luftwaffe ne fut pas longue à l'utiliser comme avion-école et sa construction se poursuivit jusqu'en 1943. A partir de cette date, les chasseurs américains à long rayon d'action commençaient à sillonner le ciel de l'Allemagne, et même ces petits avions inoffensifs durent s'habiller de teintes de camouflage, comme n'importe quel avion militaire. Certain d'entre eux furent même utilisés occasionnellement comme appareil de liaison sur les différents fronts.

Hans Klemm n'est pas un nazi convaincu, et il refuse de concevoir tout avion de combat. Lorsque les nazis lui ordonnent de fabriquer l'avion fusée Messerschmitt 163, il rend sa carte du parti et quitte la direction de son entreprise. Les dirigeants du IIIe Reich doivent cependant un peu de leur puissance aux avions de Hans Klemm. Avant-guerre en effet, un pilote nommé Ernst Udet se produit régulièrement dans les spectacles aériens, tant aux Etats-Unis qu'en Europe. Très connu, c'est l'un des plus grands as de la Grande Guerre, ayant obtenu 62 victoires dans l'escadre du baron von Richthofen. Il en a gardé une solide amitié avec le dernier commandant de cette unité, lequel n'est autre que le maréchal du Reich, Hermann Goering.
En 1933, Udet apparaît dans un film américain appelé « *SOS glaciers* ». Il y joue son propre rôle, évoluant avec maestria entre les icebergs, aux commandes d'un Klemm 25 ; le prédécesseur du modèle 35.
Le succès du film fait connaître le Klemm et ajoute encore à l'aura de Udet. Goering, qui le presse de rejoindre le ministère de l'Air, finit par le convaincre. Arrivé à ce nouveau poste, Udet se bat pour que la Luftwaffe soit équipée d'un avion de bombardement en piqué. Sans son influence auprès de Goering, le projet n'aurait peut-être jamais vu le jour, c'est le Junkers Ju 87 : le sinistre « Stuka »...

DL
UI
3198

Volant pour la première fois en 1935, le Westland Lysander était un avion britannique conçu spécifiquement pour des missions de coopération avec l'armée de terre. Comme tous les avions dévolus à cette tâche, il portait un nom de guerrier, en l'occurrence celui d'un général spartiate de l'an 400 avant Jésus-Christ. Ce travail de coopération consistait à assurer les liaisons, la reconnaissance et l'appui léger au profit des troupes au sol. Malgré une taille assez volumineuse (16 m d'envergure pour 10 m de long), le Lysander était capable de décoller et atterrir en 150 mètres, le tout sur des terrains non préparés. C'est dans ce rôle qu'il fut employé durant la Bataille de France, subissant de lourdes pertes. Le *« Lizzie »* — tel qu'il était surnommé — servit également dans la patrouille côtière et le sauvetage en mer, puis équipa les premières unités Françaises Libres opérant sur le continent africain. Mais c'est dans les missions « spéciales » — les atterrissages clandestins en territoires occupés — qu'il allait enfin révéler tout son potentiel. Débarrassé de son armement et équipé d'un réservoir supplémentaire, il pouvait franchir de nuit les énormes distances qui séparaient — dans la plupart des missions — le Royaume Uni des secteurs français situés au-delà de la Loire. Parvenu à destination, le pilote devait trouver un champ balisé de seulement trois lampes pour y déposer et reprendre jusqu'à trois passagers ; des membres de la Résistance, des agents secrets ou des aviateurs abattus. L'échange ne devait pas excéder trois minutes.

Westland Lysander

Dans la nuit du 24 au 25 février 1943, un Lysander piloté par le commandant Hugh Verity décolle pour un terrain clandestin situé près de Bourges. Son unique passager est silencieux, mais à son allure, on devine qu'il s'agit de quelqu'un d'important. Parvenu sur la Loire, un épais brouillard se lève et empêche tout atterrissage ; le pilote se voit contraint de faire demi-tour. Dans l'intervalle, ce brouillard a gagné l'Angleterre, et le terrain de retour en est totalement recouvert. La situation est critique : à cette époque, les aides-radio aux atterrissages sans visibilité sont encore loin d'être performants.
Avec comme seuls repères deux projecteurs allumés aux deux extrémités de la piste — pour tenter d'en indiquer les limites au travers de la couche laiteuse — Verity fait onze tentatives d'atterrissage avant de toucher durement le sol à la douzième. Le train arraché, le *« Lizzie »* s'arrête le nez en l'air mais miraculeusement, il ne prend pas feu.
Confus, le pilote s'extrait de son cockpit et gagne la place arrière où l'infortuné passager, maintenant perché loin au-dessus du sol, descend tant bien que mal par l'échelle spéciale dont sont équipés tous les Lysander affectés aux missions clandestines.
Enfin parvenu sur la terre ferme, celui-ci se redresse et remercie aimablement son pilote *« pour un vol très agréable ».*
Il s'agit de Jean Moulin, le plus grand héros de la Résistance française...

V9367
B
MA

Douglas Dauntless

Le SBD Dauntless (« intrépide ») est l'un des premiers bombardiers en piqué de la marine américaine. Il fut également employé par le corps des Marines, l'US Army Air Force et un certain nombre de pays étrangers dont la France, laquelle perçut quelques exemplaires en 1944. Mu par un moteur en étoile dont la puissance variait entre 1 000 et 1 300 ch selon les versions, sa caractéristique principale était de pouvoir larguer une bombe (généralement de 450 kg) à l'issue d'un piqué quasi vertical dont la stabilité était assurée par quatre énormes volets troués, lesquels se déployaient de part et d'autre du bord de fuite de la voilure. Accompagnés d'un radio-mitrailleur à l'arrière du cockpit, les pilotes de Dauntless débutaient leur piqué à l'altitude de 4 500 mètres pour larguer leur bombe vers les 450 mètres, juste assez bas pour bien viser puis échapper à la défense adverse. Pendant cette longue descente qui pouvait durer trente secondes, le pilote devait corriger sans cesse sa trajectoire en fonction du vent ou des manœuvres du navire qui tentait de lui échapper, le tout au milieu des tirs de DCA et avec parfois des chasseurs ennemis à ses trousses. Les qualités du Dauntless étaient telles que malgré une conception qui datait d'avant-guerre, il resta en première ligne jusqu'en 1944, bien après l'introduction du Curtiss Helldiver qui devait pourtant le remplacer.

Employé principalement contre les forces japonaises, le Dauntless reste gravé dans la mémoire collective américaine pour son action durant la Bataille de Midway, laquelle est considérée comme le tournant de la guerre du Pacifique.
En moins de 24 heures d'un affrontement qui débute le 5 juin 1942, les Dauntless détruisent quatre grands porte-avions japonais, forçant la flotte ennemie à faire demi-tour. L'un des pilotes qui se couvrent de gloire durant cet engagement crucial est le lieutenant Richard Best. A la tête de l'escadrille de bombardement N°6, il est responsable de la destruction de deux de ces grands navires. Sa carrière d'aviateur va pourtant s'arrêter là : le système d'alimentation en oxygène de son avion étant défectueux, il est atteint de tuberculose, une maladie dont les séquelles l'obligeront à quitter le personnel navigant. Ce jour-là cependant, les pilotes de Dauntless font preuve d'une si grande pugnacité que certains se blessent à la colonne vertébrale en s'infligeant des sorties de piqué trop tardives.

39
39

Boeing B-17
Flying Fortress

Probablement le bombardier le plus connu de tous les temps, le B-17 était si populaire que même les habitants des pays occupés parlaient de « Forteresses Volantes » dès qu'ils voyaient passer des formations de quadrimoteurs. Pourtant dans le ciel de l'Europe — là où son rôle fut déterminant — le B-17 n'était pas seul et c'était même un avion moins performant que son jeune frère : le B-24 « Liberator ». Mais contrairement à ce dernier, la « Flying Fortress » était beaucoup plus facile à piloter, tenait mieux la formation et surtout, ramenait souvent son équipage malgré d'incroyables dommages. En dépit de sa faible capacité d'emport (le plus souvent moins de trois tonnes de bombes) et une vitesse des plus modestes (moins de 300 km/h en formation), le B-17 restera en service durant toute la guerre.

Durant la Seconde Guerre mondiale, nombreuses sont les célébrités amenées à porter l'uniforme. Parmi celles-ci, on trouve l'acteur américain Clark Gable, mondialement connu après le tournage du film *« Autant en emporte le vent »*, un chef-d'œuvre alors interdit dans les territoires occupés. Lorsque l'amour de sa vie, l'actrice Carole Lombard, disparaît dans un accident d'avion en 1942, Clark Gable décide de participer à l'effort de guerre et s'engage dans l'armée des Etats-Unis. On lui demande alors de participer au tournage d'un film visant à recruter des membres d'équipages pour les postes les moins populaires à bord des bombardiers : ceux des mitrailleurs. Parvenu en Angleterre, il effectue une demi-douzaine de missions de guerre en tant que mitrailleur latéral de « Forteresse Volante ». Même si c'est loin du nombre de missions que doit accomplir un équipage durant son tour d'opérations, la performance n'est pas mince pour cet homme alors âgé de 41 ans ; la moyenne d'âge des équipages tournant alors autour de 23 ans pour les pilotes, et de 19 ou 20 ans pour les mitrailleurs.

Dans les B-17 de type « F », ceux sur lesquels Clark Gable vole, le poste des mitrailleurs latéraux n'est pas encore protégé d'un hublot et vers 9 000 mètres, la température peut y descendre jusqu'à - 50°C. Malgré les combinaisons et gants chauffants, ces missions, de parfois huit heures, laissent les équipages dans un état d'épuisement total. Clark Gable effectue ses missions en 1943. C'est l'époque la plus noire pour les quadrimoteurs américains, car ils ne sont pas encore escortés lors de leur pénétration lointaine en territoire ennemi. Les pertes sont telles qu'on en cache les chiffres à la population américaine. Le 14 octobre 1943, lors d'une mission sur l'usine de roulement à bille de Schweinfurt qui reste dans les mémoires comme le « jeudi noir », soixante B-17 ne reviennent pas. Or chacun d'entre eux emporte dix hommes d'équipage...

Memphis Belle

Développé durant la Seconde Guerre mondiale pour la marine britannique, le Firefly (« luciole ») fut d'abord un chasseur-bombardier avant de devenir un avion de lutte anti-sous-marine. Dans ses dernières versions, il était équipé de 4 canons de 20 mm et son moteur Griffon 74 développait plus de 2 200 ch. Son équipage se composait d'un pilote et d'un observateur/opérateur-radio/navigateur, dont le poste se trouvait séparé à l'arrière du fuselage et était réputé comme dangereux à évacuer en vol. Pour un équilibrage optimum de l'avion, cet homme ne devait pas dépasser un certain poids. Même s'il était difficile à entretenir et bien plus rétif que les modèles américains — en particulier lorsqu'il s'agissait d'apponter sur les porte-avions — le Firefly avait une très bonne réputation et sa maniabilité lui permit souvent de se défendre contre les chasseurs adverses.

Entré tardivement dans le Deuxième Conflit mondial, il participera tout de même à des opérations marquantes, telles les attaques contre le cuirassé allemand *Tirpitz* ou celles, à la roquette, contre les raffineries de pétrole japonaises de Sumatra, détruisant ainsi des ressources qui refusèrent pourtant obstinément de brûler lors de l'évacuation des forces alliées quatre ans auparavant !

Le Firefly eut également l'honneur d'être le premier appareil britannique à survoler Tokyo. Il reprit plus tard du service lors la guerre de Corée, et porta à cette occasion des bandes d'identification similaires (et souvent confondues) à celles du débarquement en Normandie. Il vivra ses dernières opérations de guerre en 1962, en Nouvelle-Guinée et sous les couleurs néerlandaises.

Fairey *Firefly*

Durant la guerre de Corée, les Firefly sont le plus souvent employés comme chasseurs-bombardiers et doivent affronter la très dangereuse DCA nord-coréenne. Le 26 octobre 1951, l'un d'entre eux, appartenant à la marine australienne et piloté par le lieutenant Neil MacMillan accompagné de son observateur Philip Hancox, est abattu à près de 100 km à l'intérieur du territoire ennemi. Aussitôt encerclés, les deux hommes se défendent désespérément, protégés au mieux par les avions de chasse amis qui cerclent sur la zone. Leur situation semble sans issue car ils sont à la limite du rayon d'action des hélicoptères de secours. Mais c'est sans compter avec Arlene « Dick » Babbit, un pilote d'hélicoptère de la marine américaine affecté au porte-avions *Sydney*, celui d'où est parti le Firefly. A l'issue d'un trajet de 172 km — le plus long effectué par un hélicoptère de secours durant cette guerre — Babbit et son mécanicien Callis Gooding tentent et réussissent le sauvetage, allant se poser sous le feu ennemi à l'extrême limite de l'endurance de leur machine. Pour cet exploit, Babbit et Gooding seront décorés de la Navy Cross américaine, mais le pilote recevra également la Distinguished Service Medal du Commonwealth. Au cours de la guerre de Corée, il est le seul soldat allié à être décoré par deux nations différentes pour une même action.

Ce sauvetage extraordinaire inspirera l'auteur du roman qui est à l'origine du fameux film *« Les Ponts de Toko-Ri »*.

K
201

Bell P-39 Airacobra

L'Airacobra (« cobra des airs ») était un chasseur américain dessiné en 1937 et dont la conception bousculait bien des principes. Son train d'atterrissage tricycle était encore une nouveauté à l'époque et le pilote gagnait son siège par une porte qui ressemblait fort à celle d'une automobile. Mais le plus inattendu était la disposition de son moteur, lequel se trouvait non plus dans le nez mais dans le fuselage. Ce choix permettait de dégager l'espace avant pour y installer un armement très lourd : un canon de 37 mm dans le moyeu de l'hélice et 2 mitrailleuses de 12,7 mm en capot. A cela s'ajoutaient 4 mitrailleuses de 7,62 mm (ou de 12,7 mm selon les versions) dans les ailes.
Mais bien vite l'Airacobra se révéla médiocre en tant que chasseur et on considéra qu'il ne pouvait opérer efficacement qu'en dessous de 3 000 mètres. C'est la raison pour laquelle il fut surtout employé contre les Japonais et en Russie, un front sur lequel il connu ses plus belles heures.

Si les aviations anglo-américaines méprisent l'Airacobra et s'en débarrassent au plus vite en les cédant à leur alliés les moins regardants (parmi lesquels figurent les Français), les Russes sont enchantés par la puissance de feu de l'appareil et ils l'utilisent en première ligne jusqu'à la fin de la guerre. Le deuxième as russe, Alexander Pokryshkin, obtient avec lui la majorité de ses 59 victoires, un score pouvant varier à la hausse comme à la baisse selon les sources et les historiens. Affronter avec succès des appareils tels que les Messerschmitt BF 109 G allemands avec un Airacobra n'est pourtant pas une mince affaire, mais Pokryshkin est un maître tacticien qui ne cesse de perfectionner ses méthodes. Il n'hésite d'ailleurs pas à braver la cour martiale en remettant en cause les tactiques de combats en vigueur dans les formations de chasse. Lorsqu'il est enfin nommé à la tête d'un régiment de P-39, il refuse tout rééquipement ultérieur avec des chasseurs russes. Bien qu'étant le premier pilote de chasse à être décoré trois fois de l'Etoile d'Or des Héros de l'Union Soviétique — la plus haute des décorations — il paie après-guerre son attachement à l'appareil américain et se retrouve maintenu dans des tâches subalternes jusqu'à la mort de Staline. Même après la disparition de ce dernier, Pokryshkin ne recevra jamais l'avancement qu'il mérite ; tandis que, et cela durant bien des années, les seules photos connues de lui ne le présentent qu'aux commandes d'appareils de fabrication russe...

Miss Connie
219597

Bell P-63 *Kingcobra*

Descendant direct de l'Airacobra dont on avait tenté de gommer les plus gros défauts, le Kingcobra (« cobra roi ») reprenait le concept du moteur centré dans le fuselage et de l'armement lourd dans le nez. Il était plus grand et avait plus de puissance à haute altitude que son aîné. Malgré ces améliorations, il ne fut pas jugé suffisamment efficace par les Américains qui le reléguèrent, une fois encore, aux tâches subalternes ou à l'exportation.

Les Russes, encore eux, firent bon usage du Kingcobra. Les accords avec les Américains stipulaient toutefois que ce type de chasseur ne devait pas être utilisé sur le Front Ouest. Malgré cela, de nombreux rapports allemands signalèrent sa présence dans les cieux du secteur de Berlin en mai 1945.

C'est durant la guerre d'Indochine et sous les cocardes françaises, que le Kingcobra connaît vraiment le combat. Il effectue alors des attaques au sol qui sauvent bien souvent la vie des soldats français au contact avec les troupes du Viêtminh.
Parmi les escadrons qui ont utilisé cet appareil jusqu'en 1951, on trouve le *« Normandie-Niémen »*, qui a connu la gloire sur le front russe aux commandes de chasseurs soviétiques Yak. Mais c'est durant la guerre d'Indochine et sous les cocardes françaises, que le Kingcobra connaît vraiment le combat. Il effectue alors des attaques au sol qui sauvent bien souvent la vie des soldats français au contact avec les troupes du Vietcongs. Ironie de l'histoire : au même moment, des rapports américains signalent la présence de Kingcobra en Corée, cette fois dans le camp communiste alors devenu ennemi !

268864
Pretty Polly
NX163BP

Piper Cub

Probablement le plus connu de tous les avions de liaison et d'observation alliés employés durant la seconde guerre mondiale, le Piper L-4 pouvait assurer aussi bien des missions de reconnaissance, de réglages d'artillerie, que de transport de blessés ou d'officiers de haut rang. En Normandie, on arrivera même à l'armer avec des tubes de « bazooka » sous les ailes pour réaliser des missions d'attaque au sol. Sa capacité à décoller et atterrir à partir d'espaces non aménagés ultra courts et son habitude à rebondir le fit vite surnommer « grasshopper » : la sauterelle.

L'une des plus belles missions du L-4 est certainement celle effectuée le 24 août 1944 par le capitaine Jean Callet et le lieutenant Etienne Mantoux, deux officiers appartenant à la prestigieuse 2e Division Blindée du général Leclerc. A bord de leur frêle appareil entoilé, ils bravent la DCA et les tirs allemands au-dessus de Paris, afin de lancer un message sur la préfecture de police assiégée. Les défenseurs en effet — comme beaucoup de ceux qui se sont soulevés à l'annonce de l'approche des Alliés — commencent à perdre espoir. Ce message dit simplement : *« Tenez bon, nous arrivons ! »*
Le Piper Cub repart criblé de balles, et se pose sur le ventre, train d'atterrissage fauché.
Mais il a réussi sa mission. Les insurgés, ainsi galvanisés, ne vont pas céder tandis que le général Leclerc tient parole : le lendemain, la 2e DB toute entière libère la capitale.
Etienne Mantoux, tué avant la fin de la guerre, ne saura jamais qu'aujourd'hui encore on célèbre l'exploit du petit Piper qui redonna l'espoir aux Parisiens révoltés.

Le plus célèbre des quadrimoteurs de bombardement britanniques de la Seconde Guerre mondiale, le « lanc » — tel qu'il était surnommé par ses équipages — était un appareil bien conçu avec une soute à bombe dont la capacité et le volume étaient supérieurs à ceux de tous les bombardiers alliés du conflit, le B-29 excepté. Spécialement modifié, il pouvait emporter les charges les plus diverses, telles des mines hydrostatiques anti-barrage, ou la terrible « Grand Slam » (« grande claque »), une bombe à effet sismique dont le poids atteignait les dix tonnes. Le Lancaster sera ainsi le héros de nombre de missions remarquables, telle la fameuse destruction des barrages hydroélectriques allemands de la Ruhr en mai 1943. Après avoir été le principal acteur des raids controversés de terreur sur les villes allemandes et leurs populations civiles, il finira la guerre en tant qu'acteur humanitaire en 1945, parachutant des vivres en Hollande, sur les secteurs où sévissait la famine. Comme tous les bombardiers britanniques de cette époque, il portait le nom d'une ville du Commonwealth.

Avro Lancaster

Par manque de place, le mitrailleur situé dans la tourelle arrière du Lancaster ne porte généralement pas son parachute, lequel reste accroché juste derrière lui dans le fuselage. Dans la nuit du 23 mars 1944, l'un d'entre eux, Nicholas Alkemade, fait partie de l'équipage d'un Lancaster qui vient de bombarder Berlin. Sur la route du retour, l'avion est attaqué par un chasseur allemand et s'enflamme. Piégé dans sa tourelle, Alkemade ne peut atteindre son parachute dans le fuselage où l'incendie fait rage. L'avion vole encore à près de 6 000 mètres lorsque le mitrailleur, désespéré, se jette dans le vide pour ne pas mourir brûlé vif. Dans sa chute, il percute, à plus de 200 km/h, des pins dont les branches freinent sa chute, et finit sa course dans une couche de neige épaisse d'un bon mètre. Il est vivant ! Mais les Allemands le découvrent et le prennent pour un espion car il n'a pas de parachute. C'est en inspectant la carcasse de l'appareil qu'ils le découvrent et croient enfin l'extraordinaire récit que leur a fait le jeune aviateur de 21 ans...

3 REICH
BERLIN
M
MICKEY THE
MOOCHER

Grumman F6F Hellcat

Successeur du F4F Wildcat (« chat sauvage »), le Hellcat (« chat de l'enfer ») fut conçu grâce à l'expérience du combat acquise par les pilotes qui avaient affronté les forces japonaises dans le Pacifique, en particulier leur redoutable chasseur Mitsubishi Zero. Malgré un poids presque double de celui du monomoteur japonais, le « Hellcat » était beaucoup plus robuste, allait plus loin et était bien plus armé avec ses 6 mitrailleuses de 12,7 mm dans les ailes. Il n'en restait pas moins un chasseur très maniable, dont les exceptionnelles qualités firent qu'il resta en première ligne jusqu'à la fin du conflit, utilisé principalement par le Corps des Marines et l'US Navy à partir de ses porte-avions. La Royal Navy en eut quelques-uns, tout comme la marine française qui les utilisa en Indochine.

Monture favorite de nombreux as (on est considéré comme tel à partir de cinq victoires), le « Hellcat » est celle du plus grand des pilotes de la marine américaine : David McCampbell, qui obtient 34 victoires à bord des quatre F6F différents qu'il pilote dans le Pacifique. McCampbell traverse la guerre en survivant au naufrage d'un porte-avions et en accomplissant des exploits qui n'ont jamais été dépassés. Ainsi dans la journée du 24 octobre 1944, il descend 9 appareils japonais en une seule mission, dépassant le score déjà effarant des 7, qu'il a abattus cinq jours auparavant ! McCampbell n'a alors que 24 ans et ces succès lui valent d'être décoré de la plus haute distinction américaine : la « Medal of Honor » (la médaille d'honneur du Congrès). Après-guerre et sans doute dopé par sa renommée, McCampbell devint presque un « as » dans le domaine privé, puisqu'il ne se maria pas moins de quatre fois !

De Havilland
Dragon Rapide

Le De Havilland DH 89 Dragon Rapide était la version finale d'une série de biplans bimoteurs de transport de passagers, dont les prédécesseurs s'appelaient Fox Moth, Dragon ou Express. Leurs premières mises en service remontaient à 1933, sur des lignes telles que Londres-Paris.
Lorsque la Seconde Guerre mondiale éclata en septembre 1939, un certain nombre de ces élégants bimoteurs prirent l'uniforme sous le nom de « Dominie ». Ils devinrent des avions de liaison ou d'école pour les jeunes opérateurs-radio et les navigateurs de la Royal Air Force et de la Royal Navy.

Avec une capacité assez réduite de six passagers mais une souplesse d'emploi remarquable pour l'époque — il peut voler à 250 km/h sur des distances de plus de 800 km — le Dragon Rapide est un avion d'affaire avant l'heure, et transporte nombre de personnalités à des moments clés de l'histoire. C'est ainsi qu'au cours d'une mission secrète menée par deux agents britanniques, le général Franco est transporté en Dragon Rapide des îles Canaries au Maroc espagnol, d'où il prend la tête des forces nationalistes et déclenche la guerre d'Espagne.
Jusqu'à présent et malgré des divergences de vues, la majorité des historiens affirme encore que c'est à bord d'un Dragon Rapide — mis à sa disposition par le premier ministre britannique Winston Churchill — que le général de Gaulle quitta la France le 17 juin 1940 pour continuer la lutte en Angleterre.

SCOTTISH AIRWAYS LTD

Polikarpov I-15bis

Parfois dénommé I-152 (version légèrement améliorée), le Polikarpov I-15bis fut l'un des derniers biplans russes à connaître le combat, non seulement durant la guerre d'Espagne mais aussi lors de la guerre russo-finlandaise et surtout la *« Grande Guerre patriotique »* : l'affrontement gigantesque entre l'Union Soviétique et l'Allemagne nazie.
Lorsque cette dernière se déclenche en juin 1941, ils étaient encore un millier dans les unités de première ligne. Malgré une vitesse de seulement 264 km/h, un rayon d'action d'à peine 530 kilomètres et 4 mitrailleuses au calibre relativement faible de 7,62 mm, ils firent face avec bravoure aux chasseurs allemands les plus récents, remportant même quelques succès. Certains étaient encore en service vers l'été 1943, c'est-à-dire très tard dans la guerre pour un appareil de ce genre.

L'un des plus glorieux pilotes de I-15bis est le lieutenant de marine Vladimir Federovich Abramov, qui finit la guerre avec la plus haute des décorations : l'Etoile d'Or des Héros de l'Union Soviétique. Pilotant des biplans I-153 (version à train rentrant) et I-15bis entre juillet 1941 et août 1942, il contribue à abattre un grand quadrimoteur nazi FW 200 « Condor » et descend lui-même un bimoteur de chasse Messerschmitt BF 110, ainsi qu'un bombardier Junkers Ju 88. Sur le front de Leningrad, il effectue aussi quantité de missions d'attaque au sol avec son biplan I-15bis équipé de 2 roquettes RS-82 sous chaque aile.
Même s'il est deux fois blessé au combat, Abramov doit beaucoup à la robustesse et à la maniabilité étonnante de ses petits Polikarpov. Il est l'un des très rares pilotes qui connaissent successivement dans une vie le combat aux commandes d'un biplan et le pilotage des premiers chasseurs à réaction de l'après-guerre. Une carrière qui s'est déroulée sur trois générations d'appareils !

19

Consolidated B-24 *LIBERATOR*

Beaucoup moins connu que le B-17 Flying Fortress, le Liberator (« libérateur ») était pourtant un bombardier bien plus moderne avec un train d'atterrissage tricycle (encore rare à l'époque) ou l'aile à grand allongement qui lui permettait, pour une charge de bombes quasi similaire (2 200 kg), d'aller plus vite (près de 330 km/h en croisière) et surtout plus loin (3 700 km de rayon d'action) que son aîné. Mais le B-24 était peu maniable et plutôt difficile à maintenir en formation ; leurs pilotes étaient d'ailleurs réputés avoir rapidement les mains calleuses !

Plus grave : il était beaucoup moins robuste que la « Forteresse Volante » lorsqu'il s'agissait d'encaisser les coups. En revanche, leur grand rayon d'action fit merveille dans les immenses étendues du front du Pacifique ; il y régna en maître jusqu'à l'arrivée du B-29 Superfortress. L'une des missions les plus connues, mais aussi les plus tragiques des B-24, fut le raid qu'ils effectuèrent le 1er août 1943 à partir de bases situées en Afrique du Nord vers les raffineries pétrolières de Ploesti en Roumanie ; une mission réalisée en rase-motte intégral. Des 164 quadrimoteurs qui partirent ce jour-là, seuls 88 revinrent à leurs bases.

Pourtant avec 18 000 exemplaires construits et nombre de missions variées, telle la lutte anti-sous-marine où il se distingua particulièrement, le B-24 fut le bombardier le plus produit durant la guerre.

A la déclaration de guerre, James Stewart, l'un des acteurs les plus populaires d'Amérique, abandonne Hollywood pour s'engager dans l'aviation. Son allure dégingandée et son air d'éternel perdant se situent exactement à l'inverse de ses qualités réelles. James Stewart est non seulement un commandant de bord de B-24, mais il effectue plus de vingt missions au dessus de l'Allemagne, parfois même en tant que chef d'escadrille.
Piloter un Liberator jusqu'à Berlin en 1944 est pourtant tout sauf une promenade de santé. Pourtant, l'acteur n'en tirera jamais aucune gloire ; et lorsqu'il lui arrivera de revenir sur son ancien terrain d'opération britannique après-guerre, ce sera toujours en toute discrétion. Titulaire de nombreuses décorations (dont la Croix de Guerre française) il ne rompra jamais ses liens avec l'aviation militaire américaine et participera même en 1966 — cette fois comme simple passager — à une mission de bombardement sur le Vietnam à bord d'un B-52.

DIAMOND
'LIL'
B24A/LB30B
Liberator

Republic P-47 *Thunderbolt*

Construit autour d'un énorme moteur Pratt & Whitney de 2 000 ch (et même légèrement plus pour les dernières versions), le Thunderbolt (« éclair de tonnerre ») était un chasseur redoutable dont le rayon d'action permit les premières escortes de bombardiers américains dans leurs missions à longue distance en Europe occupée.

Au cours de l'année 1944, et avec l'arrivée massive de P-51 Mustang, les P-47 furent progressivement réorientés vers des missions d'attaque au sol. C'est peut-être dans ce rôle qu'ils furent les plus efficaces, grâce à leurs 8 mitrailleuses de 12,7 mm et leur capacité d'emport de bombes ; mais également en raison de leur gros moteur en « étoile », qui, refroidi par air, était beaucoup moins vulnérable à la DCA ennemie que les moteurs « en ligne » à refroidissement par liquide. Fin 1944, nombreux furent les pilotes français qui reprirent la lutte aux commandes de P-47, des chasseurs qui continuèrent à être utilisés durant la Guerre d'Algérie.

Francis Gabreski est l'as des as du Thunderbolt. Ce fils d'émigrant polonais est déjà titulaire de 28 victoires, lorsqu'en mitraillant un terrain d'aviation en Allemagne, il descend si bas que son hélice heurte le sol, transformant son attaque en un atterrissage sur le ventre à pleine vitesse.
On raconte que lorsque les Allemands l'identifièrent, ces derniers le saluèrent en disant :
« Alors Francis, ça faisait longtemps qu'on vous attendait ! »
Une autre personne attend également Gabreski : sa fiancée. Car le jour où il est abattu, l'as doit prendre l'avion pour retourner aux Etats-Unis, son tour d'opérations étant terminé. Mais en apprenant qu'une nouvelle mission avait été programmée, il avait demandé à son chef d'en faire *« juste une dernière »* ; ce qui fut effectivement le cas...

Lorsqu'il entre en service dans le courant de l'année 1942, le FW 190 surclasse tout ce que les Alliés peuvent lui opposer, y compris le fameux Spitfire. Car même s'il est moins performant en altitude et grimpe moins bien que le Messerschmitt BF 109, il est plus maniable, plus agréable à piloter et dispose d'un armement bien plus lourd (2 mitrailleuses de 13 mm et 4 canons de 20 mm pour la version A8). De plus à partir de milieu 1944, des versions améliorées et radicalement différentes entrent en scène.

Ce sont les modèles « D » qui diffèrent de leurs prédécesseurs par un moteur en ligne qui leur vaut le surnom de « long nez ».

Parmi la multitude de missions qu'assura le FW 190, l'une des plus risquées fut sans aucun doute la lutte contre les bombardiers américains qui pénétraient de jour sur l'Europe occupée. Des groupes dits « Sturmböck » (« coup de bélier ») furent mis sur pied avec des modèles « A-8/R2 », spécialement modifiés pour affronter la formidable défense des formations américaines. Leur armement était terrifiant : 2 canons de 20 mm et 4 canons de 30 mm. Il ne suffisait que de quelques coups au but pour détruire un quadrimoteur. Mais malgré un blindage important autour des parties vitales de l'avion (les vitres du cockpit avaient six centimètres d'épaisseur), les « Sturmböck » subissaient régulièrement des pertes très importantes et l'espérance de vie de leurs courageux pilotes — la plupart volontaires — était très faible.

Focke Wulf FW 190

Rendu célèbre par l'écrivain journaliste Cornelius Ryan dans son ouvrage *« Le jour le plus long »*, l'un des pilotes les plus connus de Focke-Wulf 190 est sans aucun doute Joseph « Pips » Priller. Au matin du 6 juin 1944, il défie — en compagnie de son seul ailier — toute la défense alliée en mitraillant les plages de débarquement ; les deux avions s'en sortent indemnes. A cette époque, Priller était déjà l'un des as les plus réputés de la Luftwaffe et il termina la guerre avec 101 victoires à son actif. Rare pilote de chasse allemand survivant qui ait combattu du début à la fin de la Seconde Guerre mondiale, il était également réputé pour son mauvais caractère et piquait régulièrement de terribles colères. C'est peut-être la raison pour laquelle il mourut en 1961 et à l'âge de seulement 46 ans... d'une crise cardiaque.

Curtiss Helldiver

Le Curtiss SB2C Helldiver (« Plongeur infernal ») était, comme son nom l'indique parfaitement, un bombardier en piqué destiné à la marine américaine. C'était le remplaçant du Dauntless et il emportait une charge de bombes conséquente (près de 750 kg, majoritairement logés dans une soute ventrale) à la vitesse maxima de 670 km/h.

Si ces performances étaient prometteuses par rapport à celles de son aîné, le Helldiver était malheureusement grevé de défauts très importants. Le plus marquant était une instabilité dangereuse, essentiellement due à un fuselage trop court, dimensionné pour correspondre à la taille des ascenseurs des porte-avions.

Les imperfections signalées retardèrent son entrée en service jusqu'à la fin de l'année 1943 et il ne remplaça jamais complément le Dauntless, pourtant d'une conception bien plus ancienne.

Retiré des unités de l'US Navy peu après la fin des hostilités, il fut néanmoins employé par l'aéronautique navale française, en particulier lors des combats d'Indochine où il rendit de précieux services à nos soldats.

L'une des missions les plus remarquables à laquelle participent les Helldiver est celle qui scelle le sort du plus grand cuirassé de tous les temps : le japonais *Yamato*. D'un tonnage de plus de 64 000 tonnes, il est armé de canons de 457 mm, les plus gros jamais montés sur un navire.
Ce géant est attaqué, avec son escorte, le 7 avril 1945, alors qu'il se porte au secours de la garnison de l'île d'Okinawa. Près de 400 avions de l'US Navy, dont un grand nombre de Helldiver, s'acharnent sur lui pendant un peu plus d'une heure, avant qu'il ne chavire et n'explose, formant un gigantesque panache noir observé à plus de 150 km de distance. Selon les survivants, il fallu 16 torpilles et près de 18 bombes lourdes pour en venir à bout, la plupart de ces dernières étant larguées par les Helldiver.

32
32

Gloster Gladiator

Le Gladiator (« gladiateur ») fut le dernier biplan de chasse britannique. Malgré cette conception dépassée, il entra tardivement en service — en février 1937 — dans les rangs de la Royal Air Force et de la Royal Navy.
La guerre déclarée, il fit face aux aviations allemande et italienne, principalement en Norvège et sur le front méditerranéen.
Sa vitesse de 414 km/h était bien modeste et ses 4 mitrailleuses avaient un calibre extrêmement faible de 7,7 mm. Mais c'était un engin très maniable et sa plus belle heure de gloire furent les dix jours pendant lesquels, en juin 1940, la seule défense aérienne de l'île de Malte face à l'aviation italienne fut assurée par un maximum de trois Gladiator.
Ils volaient grâce aux pièces de rechange prélevées sur des exemplaires endommagés et furent baptisés « Foi », « Espérance » et « Charité ». Le fuselage de l'un d'eux est toujours conservé dans un musée de l'île.

On a cru longtemps que l'as des as de la Royal Air Force était Johnny Johnson ; un pilote de Spitfire. Mais un travail d'historien a mis au jour un autre nom, celui du lieutenant sud-africain Marmaduke Thomas St John « Pat » Pattle qui combattit en Afrique et en Grèce entre août 1940 et avril 1941. Longtemps oublié de l'histoire, car les archives de son unité ont été perdues dans la débâcle de ce front, le score de Pattle est estimé à au moins 50 victoires, peut-être même 58. Quinze de celles-ci ont été obtenues sur le vieux Gladiator — dont il fut l'as « numéro un » — avant que son unité ne soit rééquipée de Hawker Hurricane.
Nommé à la tête du Squadron (escadron) 33, « Pat » Pattle enchaîne les combats à un rythme qui le rend malade d'épuisement en avril 1941. Le 20 de ce même mois, souffrant d'une forte fièvre mais n'acceptant pas d'être mis au repos, il décolle une fois de plus à la tête de son unité. Durant le combat qui suit, il descend 4 chasseurs allemands mais disparaît en mer et n'est jamais retrouvé. Il a alors 25 ans.

K
7985
K7985

Consolidated PBY-5A *Catalina*

Le PBY-5 fut d'abord construit comme un hydravion pur avant de recevoir, dans sa version PBY-5A, un train d'atterrissage qui le transforma en « amphibie », c'est-à-dire qui le rendit capable de se poser aussi bien sur l'eau que sur terre. Son nom de baptême lui fut donné par les Britanniques, c'était celui d'une île située au large de Los Angeles, un lieu paradisiaque pour les jeunes mariés. Utilisé principalement par la marine américaine et les armées de l'air britannique et canadienne, c'était un avion destiné à la patrouille au-dessus des mers. En Atlantique, son très long rayon d'action et ses équipements radar, couplés à son armement (près de deux tonnes de bombes, torpilles ou charges sous-marines) firent de lui le cauchemar des sous-marins allemands surpris en surface. Malgré tout, les pilotes ne devaient pas s'exposer de manière excessive car le Catalina était très vulnérable au feu ennemi. Dans le Pacifique, il se tailla une belle réputation dans les missions de patrouille mais aussi de sauvetage où il était affectueusement surnommé « Dumbo » ; nom du gentil éléphant volant de Walt Disney. Des centaines d'aviateurs ou de marins perdus en mer lui doivent la vie.

Parmi les actions célèbres des PBY, on peut citer la découverte du cuirassé allemand *Bismarck*, qui avait réussi à fausser compagnie à la Royal Navy, ou celle de la flotte japonaise lors de la Bataille de Midway, laquelle débouchera sur une victoire qui sera le tournant de la Guerre du Pacifique. Mais les exploits les plus spectaculaires de ce gros hydravion sont surtout signés par les « Black cats » (« les Chats noirs ») : une demi-douzaine d'escadrilles de la marine américaine qui opère dans le Pacifique sud et sud-ouest entre 1942 et la fin de la guerre. Peints entièrement en noir et volant surtout de nuit, les « Chats noirs » harcèlent sans relâche les Japonais, au cours de longues patrouilles au cœur des zones que ceux-ci croient contrôler. Observant un silence radio absolu pour bénéficier de l'effet de surprise, ils perturbent les lignes de communications et le ravitaillement ennemis, bombardant les bases terrestres et les navires surpris en mer. Parmi les projectiles lancés, on compte une trouvaille inattendue : des bouteilles de bières vides. Le sifflement de leurs chutes et le bruit qu'elles provoquent en éclatant au sol a la faculté de briser les nerfs des soldats nippons !

Arrivés sur l'île de Guadalcanal en décembre 1942, les hommes de l'escadron VP-12 sont les premiers « Black Cats » à entrer en action. Pour asseoir leur réputation, ils prennent pour mascotte un petit chat noir trouvé sur place et qui ne les quitte pas. A l'issue de six mois d'opérations, le VP-12 est renvoyé aux Etats-Unis et il est convenu que le chat rentre avec eux. Mais deux jours avant le départ et comme si elle avait été mystérieusement prévenue, la mascotte disparaît à tout jamais dans la nature...

433 915
G-PBYA

Hawker Fury

Le Hawker Fury — et son pendant de l'aviation navale baptisé Sea Fury — peuvent être considérés comme l'ultime aboutissement britannique en matière de chasseur à hélice. Dérivé du Tempest, qui fut la monture de l'as des as français Pierre Clostermann — et dont on reconnaît les similitudes au niveau de la voilure et du train d'atterrissage — le Fury était propulsé par un énorme moteur en étoile de dix-huit cylindres qui affichait une puissance de 2 400 ch. Avec sa cellule ultra fine dessinée pour les hautes vitesses, il était capable de dépasser les 750 km/h. Son armement était redoutable : 4 canons de 20 mm et la possibilité d'emporter 8 roquettes sous les ailes.

Les Fury et Sea Fury arrivèrent trop tard pour participer à la Seconde Guerre mondiale, mais prirent part à quelques conflits dont le plus important fut la Guerre de Corée. Durant cette période, et à partir de ses porte-avions, la Royal Navy utilisa intensivement ses Sea Fury pour des missions d'attaque au sol.

Le 9 août 1952, le commandant Peter Carmichael du 802e squadron, quitte le pont du porte-avions britannique *HMS Ocean* pour une mission d'attaque au sol dans la région de Pyongyang. Mais avant d'arriver sur leur objectif, les pilotes des Sea Fury voient soudain fondre sur eux une patrouille nord-coréenne d'avions à réaction de type MiG 15. La situation est très grave car chaque « paire » de la Royal Navy se trouve soudain prise en chasse par quatre MiG. Leur seule chance de survie est de faire face en effectuant une série de manœuvres en ciseaux qui compliquent la visée des pilotes adverses. Dans la confusion de l'engagement, Carmichael se retrouve soudain en face à face avec un MiG. Chacun tire une courte rafale avant le croisement à une vitesse fulgurante. Mais le MiG 15 est touché et disparaît.
Carmichael vient de réaliser l'exploit extrêmement rare d'abattre un chasseur à réaction avec un appareil à hélice.

GN
910
ROYAL NAV
WG655

Surnommé Skytrain (« le train du ciel ») aux Etats-Unis où il fut conçu et fabriqué, ce gros bimoteur de transport est bien plus connu sous celui de Dakota (du nom de l'Etat américain), par lequel les Britanniques le rebaptisèrent. Ce modèle de chez Douglas entra en service sous la désignation de DC-3, car c'était avant tout un avion de ligne qui connu un immense succès dès la fin des années trente. La version militaire avait un fuselage redessiné, pourvu d'une large porte cargo et de hublots comprenant des bouchons centraux, grâce auxquels les soldats transportés pouvaient éventuellement tirer sur les chasseurs ennemis ! Dans sa version majeure désignée C-47 chez les Américains, il se couvrit de gloire du début à la fin de la Seconde Guerre mondiale. Les Skytrain (ou Dakota) transportaient des Jeep, de petits canons, du ravitaillement ou des blessés, mais c'est dans le rôle d'avion de parachutage qu'ils entrèrent définitivement dans la légende, au travers des deux opérations majeures que furent le débarquement en Normandie et l'opération « *Market Garden* » en Hollande. Après-guerre, nombre de Dakota reprirent du service dans les compagnies civiles du monde entier, mais beaucoup continuèrent le combat pendant des décennies. Les Américains l'employaient encore durant la Guerre du Vietnam et l'un d'entre eux volait toujours en 2011 à partir de l'aéroport de Kaboul en Afghanistan.

Douglas Dakota

Parmi les plus belles missions du Dakota, on se souvient de celles qui sont montées pour tenter de sauver la garnison française assiégée à Diên Biên Phu, pendant la Guerre d'Indochine. Jusqu'au bout, les pilotes français bravent une DCA extrêmement dangereuse, pour parachuter des vivres, des munitions ou des médicaments, et se posent pour arracher le maximum de blessés à une mort quasi certaine. Ainsi dans la nuit du 28 mars 1954, un Dakota tente une fois encore d'atterrir sur la piste bombardée du camp retranché. Il vient chercher sa cargaison de blessés, mais perce son réservoir d'huile sur des obstacles. Il est immobilisé, or c'est le dernier avion à pouvoir se poser dans le camp. Parmi l'équipage maintenant piégé avec la garnison encerclée : une jeune infirmière de 29 ans nommée Geneviève de Galard. Affectée au poste de secours principal, elle soigne et surtout réconforte les blessés qui vivent un véritable enfer dans la boue et les souffrances. Geneviève de Galard fait son devoir jusqu'au bout, sous les bombardements intenses et avec un courage extraordinaire. Lorsque Diên Biên Phu capitule le 7 mai 1954, elle est la seule femme militaire française prisonnière du Viêtminh. Mais les « Viets » la relâchent avec les blessés les plus graves. Entre temps elle est devenue *« l'ange de Diên Biên Phu »*, l'infirmière héroïque dont se souviennent tous les rescapés de la bataille. Mondialement célèbre, elle est reçue aux Etats-Unis et sera décorée par le président Eisenhower en personne.

ZA947
AI

Stinson L-5 *Sentinel*

Le Stinson L-5 était, comme le Piper Cub, un avion de liaison et d'observation qui fut principalement employé par les forces américaines en Europe, dans le Pacifique et durant la Guerre de Corée. Plus ventru, rapide, et mieux équipé que son petit frère, il était surnommé la « Jeep volante » car ses qualités étaient étonnantes. En Nouvelle-Guinée, le 25e escadron de liaison gagna son surnom de « *Guinea short Lines* » (« la petite ligne aérienne de Guinée ») en réussissant une série de dangereuses missions de sauvetage pour récupérer les aviateurs abattus en territoire ennemi.

Les généraux apprécient beaucoup le Sentinel pour leurs déplacements sur le terrain. Nombre d'entre eux en ont même un exemplaire attitré ; c'est le cas du célèbre général Patton qui le pilote parfois lui-même.
Le 27 août 1944, le capitaine Richard « Dick » Underwood ramène ainsi un général vers son PC de Normandie, lorsqu'un fort vent debout imprévu amène le petit avion au bord de la panne d'essence. Avisant une plage du côté de Granville, Underwood réussit un atterrissage forcé parfait, et les deux occupants entreprennent de tirer l'avion hors d'atteinte de la marée montante. Mais ils réalisent soudain que la plage n'a peut-être pas été déminée. Peinant sous l'effort, trempé par une pluie battante et scrutant intensément le sol à la recherche du moindre indice pouvant signaler la présence de l'un de ces engins mortels, le général glisse soudain et se fait une entorse au genou. Enfin parvenus en sécurité, les deux officiers avisent une Jeep qui passe et dont le chauffeur est frappé de stupeur : le général n'est autre que Dwight D. Eisenhower, le commandant suprême de toutes les forces alliées en Europe...

INTENSIVE
CARE
47

Douglas A-26 *Invader*

Arrivé au front à la fin de la guerre en Europe, l'Invader (« l'envahisseur ») était un bimoteur très puissant et très fin, dont les deux versions de base étaient destinées aux missions de bombardement et d'attaque au sol. Il était capable d'emporter une charge de 2,3 tonnes de bombes en soute et son armement fixe était terrifiant, pouvant varier de 16 à 18 mitrailleuses de 12,7 mm ; parfois 8 fixées rien que dans le nez. Ses deux énormes moteurs en étoile de 2 000 ch le faisaient filer à la vitesse maximale de 520 km/h, ce qui en faisait une cible difficile pour les chasseurs ennemis. De 1944 à 1945, il fut employé en Europe et sur le front du Pacifique. En revanche, ce sont des B-26 (comme il avait alors été rebaptisé) qui assurèrent les premières missions contre les Nord-Coréens en juin 1950 ; et l'US Air Force l'utilisait toujours pendant la guerre du Vietnam. Ce fut d'ailleurs le seul bombardier américain à combattre dans ces trois conflits.

La guerre terminée, nombre d'A/B-26 achetés dans les surplus se retrouvent plongés dans des affrontements obscurs, tels ceux de la baie des Cochons à Cuba, ou dans les combats d'indépendance menés dans les pays africains. Aux commandes, on retrouve souvent des anciens de la Seconde Guerre mondiale devenus mercenaires. Parmi ceux-ci, Jan Zumback, un as polonais qui s'est battu dans les rangs de la Royal Air Force, aux commandes d'un Spitfire. La guerre remportée, il n'a pas voulu retourner dans son pays, alors tombé sous le joug soviétique.

C'est ainsi qu'il se retrouve au Biafra, pilotant un B-26 sans aucun armement, acheté 25 000 dollars en France. Le 10 juillet 1967, Zumbach — qui se fait appeler « Johnny Brown » — reçoit du colonel Ojukwu, chef du Biafra, l'ordre de bombarder l'aérodrome nigérian de Makurdi où de nouveaux chasseurs doivent arriver. Pour les Biafrais, leur destruction est une question de vie ou de mort.

Zumbach décolle avec son B-26 qui est tout sauf prêt : les bombes sont tenues par des fils de fer et un « mitrailleur » se tient dans le nez opaque du bimoteur. Il doit tirer sans rien voir, dès qu'il sent se tendre la ficelle qui le relie au pilote.

Arrivé sur l'objectif, ce dernier s'annonce à la radio comme un avion de ligne se présentant à l'atterrissage. Le subterfuge fonctionne et profitant de la surprise, il passe en trombe sur le terrain tandis que ses « aides » coupent les fils des bombes. La DCA ouvre le feu mais le B-26 revient tout de même pour une seconde passe de mitraillage. C'est alors que Zumbach aperçoit soudain un hélicoptère qui décolle et tente de fuir. L'ajustant avec le viseur rudimentaire qu'il s'est bricolé, il tire brutalement la ficelle et la mitrailleuse de nez crache furieusement. Incroyable : l'hélicoptère est abattu !

Au retour, une foule énorme l'attend à l'atterrissage : la radio vient d'annoncer que l'hélicoptère transportait le chef d'état major de l'armée nigérienne. Pour un temps, « Mister Brown » est devenu le sauveur du Biafra...

R
43740
Spirit of Waco
NO SMOKING
NO SMOKING

Yakovlev Yak 3

Les chasseurs Yak font partie des principaux instruments de la victoire de l'Armée Rouge durant la seconde guerre mondiale. De construction légère en bois, ils étaient bien armés et à moyenne altitude — là où se déroulaient la plupart des combats sur le front russe — c'étaient de sérieux adversaires pour les chasseurs allemands. Le Yak 3 était même si maniable que lorsqu'il entra en service, les pilotes de chasse de la Luftwaffe reçurent l'ordre de ne pas s'engager en combat tournoyant avec des Yak *« qui n'avaient pas de prise d'air sous le nez »* ; c'était alors le seul moyen d'identifier ce nouveau modèle.

Parmi les « régiments de chasse » de l'Armée Rouge, le plus connu est sans aucun doute le *« Normandie-Niémen »*, un groupe constitué de pilotes volontaires français qui se battent sur le front russe de la fin 1942 jusqu'à la capitulation. Ils pilotent des Yak de modèle « 1 », « 9 » et « 3 » (contrairement à sa désignation, le « 3 » n'entre en service qu'après le « 9 »). En guise de signe distinctif, ces Français peignent la « casserole » d'hélice de leur chasseur en bleu, blanc et rouge. Lors des mouvements d'escadrille d'un terrain à un autre, alors qu'ils ne disposent encore que de Yak 9, chaque pilote transporte son mécanicien attitré dans un petit coffre situé derrière le cockpit. C'est ainsi que le 15 juillet 1944, le capitaine Maurice de Seynes décolle avec son mécano soviétique, le sergent Vladimir Bielozoub. Sitôt partis, les deux hommes perçoivent des émanations toxiques dans le fuselage : une durite d'essence vient de se rompre, c'est la maladie chronique des Yak. De Seynes revient immédiatement vers son terrain d'origine, mais déjà aveuglé par les émanations, il demande par radio un guidage vers la piste. Au sol, on réalise le tragique de la situation : si de Seynes dispose de son parachute, Bielozoub, est coincé dans son petit emplacement et n'en a pas. Les Français commencent le guidage mais le commandement soviétique intervient et ordonne au pilote de sauter. Bielozoub et de Seynes sont très liés et ce dernier ne répond pas, tentant à nouveau d'atterrir, toujours sans succès. Sans doute arrivé à l'extrême limite de sa résistance, il perd soudain le contrôle et les spectateurs horrifiés voient le Yak s'écraser en bordure de terrain.

Les Russes n'oublieront jamais ce sacrifice, ni ceux du *« Normandie-Niémen »*. Aujourd'hui encore, le souvenir des pilotes de Yak au nez tricolore est bien plus présent chez les Russes qu'en France, et il y a toujours une école *« Normandie-Niémen »* à Moscou...

Grumman Wildcat

Lorsque les Japonais attaquent les forces américaines stationnées dans le Pacifique en 1941, le Wildcat (« chat sauvage ») est alors le meilleur chasseur que l'US Navy peut leur opposer. Solide et bien armé (le plus souvent de 4 mitrailleuses de 12,7 mm) il n'est certes pas aussi maniable que les chasseurs japonais, mais contrairement à ces derniers il encaisse mieux les coups, pique plus vite, et son pilote est protégé par de bonnes plaques de blindage. Obligés de combattre des forces très supérieures, les pilotes de Wildcat se couvrirent régulièrement de gloire, en particulier lors de la défense désespérée de l'île de Wake, et durant les batailles de Midway et de Guadalcanal. Même s'il fut progressivement remplacé par le Hellcat, il resta en service jusqu'à la fin de la guerre et fut également employé en grand nombre par la marine britannique.

L'un des plus célèbres pilotes de Wildcat est le lieutenant Edward Henry O'Hare, surnommé « Butch ». Le 20 février 1942, O'Hare s'oppose à une force de bombardiers japonais avec son seul ailier, constituant ainsi l'unique rempart du porte-avions *USS Lexington*. Il en abat 3 lui même et la violence de son attaque sème la confusion dans les rangs ennemis, sauvant du même coup le porte-avions d'une mise hors service plus que probable.
Pour ce fait d'arme il est décoré de la Médaille d'Honneur du Congrès, la plus haute distinction américaine.
« Butch » O'Hare disparaît lors d'une mission de nuit en novembre 1943. Si aujourd'hui tout le monde sait que l'aéroport international de Chicago porte son nom, beaucoup ignorent que son père, prénommé Edward Joseph, était l'un des avocats d'Al Capone, le plus sinistre des gangsters de l'histoire américaine. C'est lui qui, revenu du côté de l'ordre, fournit les preuves qui permirent d'arrêter Capone pour fraude fiscale.
Il fut dit que le père de « Butch » avait agi ainsi pour retrouver son honneur et permettre à son fils d'entrer à l'académie navale américaine. Mais un an après l'admission de « Butch » dans cette prestigieuse école d'officiers, son père fut abattu par les tueurs d'Al Capone qui n'avait rien oublié...

A la déclaration de guerre en septembre 1939, le Blenheim (du nom d'une ville du Commonwealth) est encore considéré comme un bombardier d'avant-garde par la Royal Air Force. A sa mise en service deux ans auparavant, il affichait une vitesse de 450 km/h et était en effet plus rapide que nombre de ses opposants potentiels. Il fut d'ailleurs un temps reconverti en chasseur de nuit. Mais en mai 1940, dans sa version bombardier et face aux Messerschmitt BF 109 qu'il affronte la plupart du temps de jour, son armement défensif très faible (2 mitrailleuses de 7,7 mm) et sa charge de bombes relativement réduite (500 kg), le font rapidement reléguer — dès 1942 — aux théâtres d'opérations secondaires, telle l'Afrique du Nord. Il fut tout de même le seul bombardier britannique à servir dans tous les commandements de la RAF : chasse, bombardement, patrouilles côtières, coopération avec l'armée et entraînement.

Bristol *Blenheim* MkIV

Les Bleinheim Mk IV équipent le premier groupe de bombardement de la France Libre ; le célèbre *« Lorraine »* dont les avions portent la croix du même nom sur les ailes et le fuselage.
Le 20 décembre 1941 et au cours d'une mission de bombardement sur les troupes allemandes stationnées autour de Benghazi en Lybie, l'un de ces Blenheim est touché par la chasse allemande et prend feu. Son pilote est le lieutenant-colonel Charles Pijeaud, le nouveau commandant du *« Lorraine »*. Il donne l'ordre à son équipage de sauter, mais voyant son mitrailleur arrière toujours dans sa tourelle (où il a en fait été tué), il reste aux commandes malgré les flammes et pose le bimoteur sur le ventre.
Des soldats italiens le trouvent et l'emmènent immédiatement à l'hôpital de Derna. Pijeaud est grièvement brûlé ; des brûlures qui le rendent aveugle. Lorsque les troupes ennemies commencent à reculer devant l'avancée britannique, le lieutenant-colonel, qui souffre atrocement mais ne veut pas être évacué avec les autres captifs, décide de s'évader avec l'aide de prisonniers britanniques. Débute alors une marche dans le désert qui, compte tenu de ses blessures, se transforme en la pire des tortures. Epuisé, il revient à l'hôpital de Derna, déserté par les Italiens, et y attend l'arrivée des troupes amies. Celles-ci le transportent immédiatement à Alexandrie ; mais malgré tous les soins dont il bénéficie, il y décède le 6 janvier 1942.
Avant de gagner l'Angleterre pour reprendre la lutte auprès du général de Gaulle, Pijeaud avait écrit à sa femme : *« J'ai raté la guerre mais je ne raterai pas la revanche ! »*
Son épouse non plus : entrée dans la résistance en France, Colette Pijeaud meurt un an plus tard dans le camp de concentration de Ravensbrück...

L'impressionnant Skyraider (« rôdeur du ciel ») était un monomoteur d'attaque très robuste, doté d'un moteur en étoile Wright de 2 800 ch. Le couple de renversement (tendance qu'a l'avion à tourner autour de son hélice) était si puissant que pour le diminuer quelque peu, la dérive était désaxée par rapport au fuselage. Conçu pour la marine américaine, il avait les ailes repliables ; caractéristique nécessaire pour utiliser les ascenseurs des porte-avions. D'abord appelé à remplacer le bombardier en piqué Dauntless de la même firme, le Skyraider, dans sa conception initiale, avait pour cela trois énormes freins de piqué qui s'escamotaient dans le fuselage. Outre ses 4 canons de 20 mm, il pouvait emporter 3 200 kg de charges diverses, c'est-à-dire plus que la célèbre « Forteresse Volante ». Arrivé trop tard pour participer à la Seconde Guerre mondiale, le « Sky » entra en action en Corée et surtout au Vietnam où il fut employé à la fois par l'US Navy et les armées de l'air américaine et sud-vietnamienne. La France en posséda une centaine d'exemplaires, utilisés notamment durant la guerre d'Algérie. Ce fut l'un des derniers avions de combat à hélice de l'histoire et cette longévité le fit surnommer « Spad » chez les Américains, par analogie avec le fameux chasseur français de la Grande Guerre.

Douglas A-1 *Skyraider*

C'est au Vietnam que le Skyraider forge sa légende, lors de missions d'appui-feu et de sauvetage des équipages d'avions abattus, souvent loin à l'intérieur du territoire ennemi.

Le 10 mars 1966, un groupe de Skyraider appuie des forces spéciales américaines dont le camp est attaqué par plus de 2 000 soldats nord-vietnamiens dans la vallée de A Shau. Au cours de l'une de ses passes de tir, l'appareil piloté par le major Myers est atteint et se pose sur le ventre sur la piste de fortune du camp, à 200 mètres de l'ennemi. Au-dessus, le major Bernard Henry Fisher — qui pilote un autre Skyraider de type A-1 E biplace — réalise que les hélicoptères de secours ne seront pas là avant au moins 30 minutes ; c'est bien trop long pour le pilote abattu qui tente d'échapper aux tirs.

Fisher n'hésite pas : il pose son gros « Spad » comme il peut et roule jusqu'à son camarade qui saute immédiatement sur l'aile et embarque sous les projectiles qui volent de toute part. Le pilote met les gaz et entreprend d'arracher son avion à la piste. Touché à dix-neuf reprises, le brave Skyraider parvient tout de même à décoller. Pour son exploit, « Bernie » Fisher (déjà âgé de 39 ans à l'époque ; c'était beaucoup pour un pilote de combat) recevra la plus haute des décorations américaines : la Médaille d'Honneur du Congrès.

683
AF
132

Conçu comme bombardier-torpilleur pour la marine britannique, le Swordfish (« Espadon ») était considéré comme déjà dépassé au déclenchement de la Seconde Guerre mondiale. C'était encore un biplan dont le moteur Bristol Pegasus ne développait que 690 ch ; une puissance avec laquelle sa vitesse maximale n'était que de 230 km/h. Il pouvait lancer une torpille de 680 kg, des charges sous-marines ou des bombes, et sa défense était assurée par une unique mitrailleuse de 7,7 mm en poste arrière, à laquelle s'ajoutait, dans les premières versions, une arme de même calibre fixée dans le capot et tirant vers l'avant. Le nombre de ses haubans était tel que les équipages — composés de trois hommes — l'appelaient familièrement « Stringbag » (« sac à ficelles »). Mais le Swordfish était extrêmement solide et fiable, capable de décoller du pont des porte-avions par des météos qui paralysaient les autres appareils. Cela lui valut de beaux succès au début de la guerre. Ainsi dans la nuit du 11 novembre 1940, les Swordfish de la Royal Navy frapperont durement la flotte italienne à l'ancre dans le port de Tarente, et en mai 1941, ils réussiront à immobiliser le cuirassé *Bismarck* par une attaque durant laquelle une torpille atteignit et bloqua ses gouvernails. Vers 1943, ce gros biplan fut reconverti dans la lutte anti-sous-marine et l'escorte des convois ; c'est dans ce rôle qu'il réussira la performance de rester en service jusqu'à la fin de la guerre.

Fairey *Swordfish*

Le 12 février 1942, trois des plus grands croiseurs de la marine allemande : le *Scharnhorst*, le *Gneisenau* et le *Prinz Eugen*, s'échappent du port français de Brest et tentent une remontée vers l'Allemagne en passant par la Manche. C'est l'opération *« Cerbère »* ; elle est d'une incroyable audace car les mastodontes doivent passer au nez et à la barbe des défenses britanniques, au travers du goulet constitué par le Pas-de-Calais.

Servie par le mauvais temps, admirablement minutée et bien protégée par la Luftwaffe, la progression est telle que les navires sont déjà au-delà de Douvres lorsque les Britanniques comprennent enfin ce qui se passe. Pris de court, ils lancent alors tout ce qu'ils ont dans la bataille, en l'occurrence six Swordfish torpilleurs du 825e escadron de la Royal Navy. Ils sont dirigés par le « commander » Eugene Esmonde, un officier supérieur de 34 ans.

Les 18 hommes se savent sacrifiés : face aux formidables défenses anti-aériennes des grands navires et compte tenu de la supériorité allemande dans la zone, les lents biplans n'ont aucune chance. Mais ils décollent quand même et attaquent résolument. Tous sont abattus. Des témoins voient l'appareil d'Esmonde en feu, poursuivant malgré tout son attaque.

Les navires allemands réussiront à regagner l'Allemagne et seuls 5 aviateurs du 825e seront sauvés ; Esmonde n'était pas des leurs.

Pour son courage, il recevra à titre posthume la plus haute décoration britannique : la Victoria Cross.

La veille de sa mort, il était au palais de Buckingham pour recevoir — des mains mêmes du roi George VI — la DSO (Distinguished Service Order) pour sa participation aux attaques contre le *Bismarck* huit mois auparavant...

L2

ROYAL NAVY
LS 326
L2

Grumman F7F *Tigercat*

Probablement le plus beau de tous les bimoteurs de chasse, le Grumman F7F Tigercat (« chat tigre ») était un appareil conçu pour la marine américaine et le corps des Marines. Un fuselage d'une extrême finesse et deux gros moteurs de 2 100 ch en faisaient un chasseur à la fois maniable et très rapide : plus de 700 km/h ; une vitesse très élevée pour un avion à hélice.

Il était armé de 2 canons de 20 mm et de 4 mitrailleuses de 12,7 mm, mais en version chasseur-bombardier, il pouvait aussi emporter des bombes, des roquettes et même une torpille. C'était un adversaire avec lequel il fallait compter.

Arrivé dans le Pacifique juste avant la capitulation japonaise, il ne prit aucune part aux combats de la Seconde Guerre mondiale mais fut employé en Corée, dans un rôle de chasseur bombardier opérant souvent de nuit avec radar.

Dans la nuit du 1er juillet 1951, un Tigercat piloté par le capitaine Long l'US Marine accompagné de son opérateur-radar, un sous-officier nommé Buckingham, sont dirigés vers un secteur où opère un petit biplan nord-coréen de type Po-2. Déjà surnommé le « moulin à café » par les Allemands qui l'affrontèrent lors de ses missions de harcèlement de nuit sur le front russe, ce petit biplace de conception soviétique recommence ses méfaits au-dessus des troupes américaines, tournant lentement dans la nuit pour leur larguer une petite bombe de temps à autre. Contrairement à ce que l'on peut imaginer, c'est une cible difficile pour le Tigercat ; son radar ayant bien du mal à détecter un aéronef dont la structure est faite de bois entoilé.
Long s'approche à distance visuelle, mais le Po-2 l'a aperçu et adopte une vitesse extrêmement lente. Par deux fois, le pilote américain dépasse sa cible qui effectue des virages ultra serrés. Mais à la troisième tentative, il amène son F7F à la limite de la perte de vitesse et descend l'infortuné biplan d'une rafale de 20 mm.
Quatre mois plus tard, un autre Tigercat abattra un second Po-2, et ces petits appareils entoilés, dont la conception remontait aux années vingt, constitueront les deux uniques victoires aériennes dans l'histoire du superbe chasseur de chez Grumman.

03
55
MARINES
VMD-254
MARINES

Curtiss P-40B

Curtiss P-40B

Tomahawk

Lorsque l'Amérique entre en guerre en décembre 1941, les Tomahawk (le nom d'une arme indienne) font partie des chasseurs les plus modernes de l'US Army Air Corps (à cette époque, l'armée de l'air n'était pas encore indépendante). Solide, relativement rapide (530 km/h) et bien armé (2 mitrailleuses de 12,7 mm sous capot, et 4 de 7,62 mm dans les ailes), son moteur manque toutefois de puissance en altitude et ce défaut le fait rapidement reléguer aux théâtres d'opérations secondaires. Il connut toutefois de beaux succès, essentiellement dans les rangs de la Royal Air Force en Afrique du Nord et surtout dans ceux des *« Tigres Volants »* en Chine.

Le 7 décembre 1941, les Japonais bombardent la base aéronavale américaine de Pearl Harbor, située dans les îles Hawaï. C'est une surprise totale car le Japon attaque sans déclaration de guerre. Sur les aérodromes américains, les avions sont regroupés pour éviter les sabotages (il y a beaucoup de civils japonais sur l'île) et forment ainsi une cible parfaite : de fait ils sont rapidement anéantis.
Cependant, deux pilotes de P-40, les jeunes lieutenants Kenneth Taylor et George Welch, qui ont dû, pour les besoins d'un exercice de tir, déplacer leur chasseur sur un petit terrain isolé que les Japonais ne connaissent pas, sont en train de récupérer tranquillement d'une nuit de fête agitée ce matin de 7 décembre lorsque surgissent les premiers avions nippons.
Réalisant qu'il s'agit d'une attaque, Welsh reprend ses sens et court vers un téléphone d'où il appelle son terrain pour faire préparer les deux chasseurs. Accompagné de Taylor, il fonce ensuite en voiture en direction de celui-ci. A leur arrivée, les moteurs des deux P-40 tournent ; ils sautent dans leur cockpit et décollent, étant plus chanceux que d'autres pilotes qui sont tués en essayant de faire de même à partir des terrains bombardés. Les deux officiers se jettent immédiatement sur une dizaine de bombardiers en piqué « Val » totalement surpris. Ils en descendent 4 avant de retourner se poser à court de munitions. Réarmés en pleine bataille, ils décollent de nouveau. Cette fois, Taylor est blessé au bras et doit rompre le combat, mais Welch descend encore 2 appareils nippons avant de se poser à son tour. Même s'ils n'ont pas été les seuls à décoller ce jour-là (il y eut peut-être une vingtaine de pilotes qui réussit à prendre les airs, dont la majorité fut abattue), ils sont les seuls à obtenir 6 victoires, et leurs deux noms restent intimement liés à l'histoire de l'attaque de Pearl Harbor.
Pour cette action, George Welch fut proposé pour la prestigieuse Médaille d'Honneur du Congrès américain, mais certains de ses supérieurs, jaloux et écœurés de s'être laissés ainsi surprendre, firent en sorte qu'il ne l'obtienne jamais.
Incroyable mais vrai : on dit que l'une des raisons invoquées fut qu'il avait décollé sans autorisation !

284

Curtiss P-40 E
Warhawk

Descendant des modèles « B » et « C », le P-40 E Warhawk (« faucon de guerre ») fut l'une des versions les plus importantes du monomoteur de chez Curtiss. Son fuselage était redessiné autour d'un moteur Allison légèrement plus puissant (1 150 ch contre 1 090 ch) qui lui assurait une vitesse maxima de 562 km/h. En revanche, c'était le premier des P-40 à posséder un armement de 6 mitrailleuses de 12,7 mm dans les ailes. Mais comme ses aînés, il souffrait d'un manque de puissance à haute altitude et combattit principalement dans les théâtres secondaires.

L'un des groupes de chasse les plus connus à avoir utilisé le P-40 E est sans aucun doute « l'American Volunteer Group » (AVG) composé de pilotes américains ayant quitté l'uniforme de leur pays pour se battre avec l'aviation chinoise contre les Japonais. Pendant sept mois, jusqu'en juillet 1942 (date à laquelle l'AVG se fond dans l'aviation militaire des Etats-Unis), les pilotes combattent quasiment seuls, mais obtiennent pourtant des résultats inespérés : près de 300 victoires. C'est le résultat d'une préparation intense, d'un réseau de guet inventé de toutes pièces — rudimentaire mais très efficace — et surtout de l'utilisation judicieuse des qualités du P-40 : une vitesse fulgurante en piqué et un armement puissant. Tout cela est le fait du chef de l'AVG ; un extraordinaire meneur d'hommes : le général Claire Lee Chennault.

Les pilotes de l'AVG, « ces civils sous contrat », ainsi qu'ils se considèrent, avaient de fortes personnalités, comme en témoigne le choix des noms des trois escadrilles du groupe : « Ours panda », « Adam et Eve » et « Hells Angels », cette dernière ayant pour emblème une jeune fille ceinte d'une auréole, de deux petites ailes... mais totalement nue. Mais c'est sans aucun doute les gueules de requin peintes sur leurs avions qui les firent définitivement entrer dans l'histoire, sous le nom, désormais immortel, de « Tigres Volants ».

Ces « dentitions », empruntées à un groupe britannique qui utilise les mêmes avions en Afrique du Nord, semblent faites pour les P-40, dont elles accentuent encore le prestige. Ainsi décorés, les « Tigres volants » deviennent de véritables légendes aux Etats-Unis, à tel point que Walt Disney dessine spécialement pour eux un petit tigre ailé que beaucoup de P-40 arborent aussitôt.

Parmi les pilotes qui composaient les « Tigres Volants » se trouvait un as qui rejoindra ensuite son corps d'origine, celui des Marines. Forte tête lui aussi, il créait alors un groupe de pilotes à sa ressemblance, qui deviendra rapidement célèbre sous le nom des « Black Sheeps » (« moutons noirs ») ; expression devenue chez nous les « têtes brûlées ». C'est le major Gregory Boyington.

Lavochkin La-9

Dernier d'une série de chasseurs russes qui comptèrent parmi les meilleurs de la Seconde Guerre mondiale, le La-9 succédait au La-5 et La-7. Mais à la différence de ses aînés, il avait une structure entièrement métallique, plus légère et plus résistante que celles de leurs prédécesseurs qui utilisaient le bois.

Grâce à son moteur en étoile Shvetsov de 1 850 ch, le La-9 était capable de voler à près de 700 km/h ; et avec ses 4 canons de 23 mm dans le nez, c'était un adversaire redoutable. Le La-9 arriva trop tard pour participer à la Seconde Guerre mondiale, mais une version à long rayon d'action, baptisée La-11, connut le feu en 1950 en abattant à deux reprises des avions espions américains qui avaient pénétré dans l'espace aérien contrôlé par les Soviétiques...

Ivan Kozhedub est le plus grand as allié de la Seconde Guerre mondiale. Il obtient à trois reprises la plus haute décoration de l'URSS : l'Etoile d'Or des Héros de l'Union Soviétique. Meilleur pilote de Lavochkin, le chasseur sur lequel il obtient tous ses succès, l'homme éprouve un profond respect pour ses montures, respect qu'il décrit d'ailleurs parfaitement dans ses mémoires :
« Avant de prendre l'air pour la première fois sur le nouveau Lavochkin, je me suis approché de mon appareil et l'ai salué selon le règlement, comme on salue un supérieur. Ce n'était pas de ma part une plaisanterie ; mes maîtres m'avaient enseigné le profond respect de l'avion. L'appareil semble vous dire : si tu apprends à bien me connaître, je te servirai, mais si tu es négligent, je te punirai... Par la suite, j'ai pris l'habitude de le saluer tous les matins. »
Les La-5 et La-7 pilotés par Kozhedub sont de bons serviteurs puisqu'il abat 62 appareils ennemis, dont deux Messerschmitt 262 à réaction ; une belle performance pour un chasseur à hélice. Son score est parfois porté à 65, peut-être si l'on tient compte — entre autres — de deux chasseurs américains « Mustang » du prestigieux 352e groupe qui l'ont attaqué en pensant avoir affaire à un Focke Wulf 190 allemand. Aux commandes de son La-7, l'as russe ne fait qu'une bouchée des deux Américains, lesquels comptent parmi les ultimes pertes alliées de la guerre...

28

Avec ses deux moteurs Allison de 1 400 ch et sa cellule en double fuselage, le Lockheed P-38 Lightning (« éclair ») fut le chasseur américain le plus étonnant de la Seconde Guerre mondiale. Sa conception visait à atteindre deux caractéristiques majeures : un long rayon d'action et un armement important, concentré dans le nez pour un « punch » plus puissant. De fait, sa vitesse de 670 km/h et ses 4 mitrailleuses de 12,7 mm, augmentées d'un canon de 20 mm en faisait un chasseur très efficace. Dans ses dernières versions, il pouvait franchir 4 000 kilomètres, et il fut le premier chasseur d'escorte capable d'accompagner les bombardiers jusqu'à Berlin. Le maréchal Goering déclara plus tard que c'est lorsqu'il vit pour la première fois ces chasseurs au-dessus de la capitale qu'il comprit que l'Allemagne était perdue. Malgré une maniabilité étonnante pour un avion qui atteignait tout de même une masse de huit tonnes, le P-38 n'était pas aussi agile qu'un monomoteur et ses pilotes souffraient terriblement du froid à haute altitude. Aussi dès que le P-51 Mustang entra en service, il fut progressivement relégué aux missions d'attaque au sol, là où son armement faisait des dégâts considérables, d'autant plus qu'il pouvait aussi tirer des roquettes ou lancer des bombes. Ce sera également un remarquable appareil de reconnaissance et c'est sur un avion de ce type que disparut l'écrivain aviateur Antoine de Saint-Exupéry.

Lockheed P-38 *Lightning*

Sur le front du Pacifique, le Lightning reste un chasseur de premier plan car les combats s'y déroulent à des altitudes moindres qu'en Europe. C'est même l'avion des deux plus grands as américains de la guerre : Richard Bong et Thomas McGuire.

Autant le premier est réservé, autant l'autre est volubile et sûr de lui. Si ce dernier vient d'une famille riche, c'est plutôt l'inverse pour Bong.

S'ils sont extrêmement différents, se sont deux pilotes de chasse exceptionnels qui se livrent rapidement à une course aux victoires qui passionne bon nombre de soldats et de civils américains. Rivalité étonnante du fait que le hasard des combats place obstinément McGuire à 9 victoires derrière Bong.

Décoré de la prestigieuse Médaille d'Honneur du Congrès et vedette d'une tournée de propagande en compagnie de célébrités d'Hollywood, Richard Bong est adoré des Américains, d'autant plus que son P-38 est décoré d'un grand portrait en noir et blanc de sa fiancée.

Mais lorsqu'il atteint ses 40 victoires, le commandement l'interdit de vol et le rapatrie aux Etats-Unis ; on veut en effet qu'il termine la guerre vivant. McGuire espère alors combler son retard, mais se tue en dépassant les limites de vol de son Lightning pour rattraper un chasseur japonais. Bong est très affecté par la mort de son rival, car malgré tout les deux hommes s'estimaient sincèrement.

Mais le destin ne s'arrête pas là : Bong se tue à son tour à Los Angeles en essayant l'un des nouveaux chasseurs à réaction P-80 Shooting Star. Sa mort, bien qu'il soit connu d'un bout à l'autre des USA, passe cependant inaperçue ce 6 août 1945, éclipsée par un autre événement qui stupéfie le public américain : la première bombe atomique vient d'exploser au-dessus d'Hiroshima.

23
162
SKIDOO

426981

North American B-25 *Mitchell*

Baptisé du nom du général Billy Mitchell, dont la carrière fut brisée dans les années trente pour son acharnement à démontrer que l'aviation de bombardement était une arme majeure, le Mitchell était un bombardier moyen dont le premier vol remontait à l'année 1939. Il avait de telles qualités qu'il fut utilisé du début à la fin de la Deuxième Guerre mondiale, présent sur tous les fronts et piloté aussi bien par des Américains, que des Russes, des Anglais, des Hollandais ou des Français, dont il équipa le prestigieux groupe Français Libre « *Lorraine* ». Capable d'emporter 1 300 kg de charge en soute, sa version principale B-25 J était armée parfois de 12 mitrailleuses de 12,7 mm ; certains appareils ayant même un nez tôlé dans lequel on pouvait loger jusqu'à 8 mitrailleuses, voire un canon de 75 mm pour la version spéciale « H » anti-navire. Ce fut l'un des bimoteurs américains les plus réussis de son époque et il resta en service longtemps après-guerre, jusque dans les années cinquante. C'est à bord d'un appareil de ce type que disparut le maréchal Leclerc, lors d'un accident en Afrique du Nord, au matin du 28 novembre 1947.

La plus célèbre mission du B-25 est sans nul doute le raid sur Tokyo, accompli le 18 avril 1942 et conçu pour redonner le moral au peuple américain, après l'attaque de Pearl Harbor et les désastres qui ont suivis un peu partout, là où les forces japonaises ont attaqué. On veut donc bombarder la capitale nipponne mais un problème se pose : toutes les îles d'où peuvent partir les bombardiers sont tombées aux mains des forces ennemies. Restent bien les porte-avions, mais les avions de la marine n'ont ni la charge de bombes, ni le rayon d'action suffisants. Pour les stratèges de l'US Army Air Corps, il y a tout de même une solution : le seul vrai bombardier capable de réussir la performance de décoller du pont d'un porte-avions : le B-25.

Après un entraînement forcené sous le commandement du colonel James Doolittle — un aviateur déjà très connu pour ses exploits d'avant-guerre — seize de ces bimoteurs sont embarqués le 2 avril à bord du porte-avions USS *Hornet*. Ce n'est qu'une fois en mer que les équipages apprennent le véritable but de la mission : s'approcher suffisamment du Japon pour lancer les avions, bombarder Tokyo et d'autres objectifs secondaires, avant d'atterrir en Chine.

Mais la veille du lancement, la flotte US est repérée par les Japonais. Les porte-avions étant trop précieux pour être risqués plus longtemps dans les eaux ennemies, Doolittle est sommé de faire un choix : soit il lance la mission plus tôt, soit il rentre avec les navires. Le colonel n'hésite pas : les seize Mitchell décollent sans incident et mettent le cap sur le Japon. Mais tout le monde le sait : aucun des bimoteurs n'a assez de carburant pour atteindre les terrains prévus en Chine. Parvenus sur leurs objectifs respectifs, les Américains lâchent leurs bombes et s'échappent sans encombre. La nuit tombe, et la météo se détériore. L'un après l'autre, les B-25 arrivent à l'extrême limite de leur réserve d'essence. Certains des aviateurs tentent des atterrissages forcés là où ils sont ; l'un se pose en Union Soviétique, où l'équipage est interné. Un second B-25 a encore moins de chance et tombe aux mains des Japonais en Chine occupée. La moitié de son équipage est exécutée et les survivants sont envoyés pourrir jusqu'à la fin de la guerre dans les terribles camps de prisonniers. La plupart des autres saute en parachute. Doolittle est désespéré : il a perdu tous ses avions, et même s'il a réussi à récupérer les trois quarts de ses hommes et à gagner une zone sécurisée, il s'attend à passer en cour martiale.

Mais son retour aux Etats-Unis est tout autre : le raid a eu un retentissement incroyable, les « *Doolittle Raiders* » — comme on les appelle désormais — sont devenus des héros, dont le chef recevra la Médaille d'Honneur du Congrès, des mains mêmes du président Roosevelt.

327493

Messerschmitt BF 108 *Taifun*

En 1934, époque de sa conception, le Taifun (« typhon ») était probablement l'appareil de tourisme le plus évolué de son époque. C'est l'aviatrice allemande Elly Beinhorn, titulaire de plusieurs records, qui avait trouvé son nom, car avec son train d'atterrissage escamotable, il était capable d'afficher une vitesse de pointe dépassant les 300 km/h.

Son succès fut immédiat tant en Allemagne qu'à l'étranger ; une renommée qui influencera plus tard le ministère de l'Air allemand, lorsqu'il choisira le célèbre Messerschmitt 109 comme chasseur principal de la Luftwaffe. On retrouve d'ailleurs un certain nombre de similitudes entre les deux monomoteurs.

Dans la matinée brumeuse du 10 janvier 1940, un Messerschmitt BF 108 Taifun décolle d'un aérodrome situé près de Münster, en Allemagne. A bord : deux officiers qui doivent se rendre à une réunion d'état-major à Cologne.
Mais l'appareil se perd et confond la Meuse avec le Rhin avant de faire un atterrissage forcé en Belgique, alors territoire neutre.
De l'autre côté de la frontière, les responsables nazis sont consternés : la serviette emportée par l'un des officiers contient tous les détails de la future attaque en Belgique et en Hollande !
Côté allié, on prend certes des mesures, mais sans croire tout à fait à ce plan que beaucoup considèrent comme un leurre. Tout est pourtant vrai, comme le monde entier pourra le vérifier quatre mois plus tard...

Elly Beinhorn
MESSERSCHMITT
TAIFUN

Vought F4U
CORSAIR

Avec sa silhouette unique soulignée par le dessin de sa voilure, le Corsair est sans doute le chasseur américain le plus connu de la guerre du Pacifique, cela même s'il servit — entre autres — sous les couleurs britanniques et françaises.
Très solide, bien protégé et bien armé avec 6 mitrailleuses de 12,7 mm dans les ailes, il était capable de filer à plus de 700 km/h ; les dernières versions atteignant même les 750 km/h.
Le Corsair restait malgré tout un avion maniable, capable d'emporter diverses charges, bombes, roquettes ou réservoirs supplémentaires. Tout cela en fit un excellent appareil d'appui au profit des troupes aux prises avec les forces japonaises. Il gagnera ainsi le surnom d'« Okinawa sweetheart » (« chéri d'Okinawa ») pour son soutien aux Marines lors de ce débarquement qui compta parmi les plus terribles de la bataille du Pacifique. Les Marines furent d'ailleurs les premiers à utiliser ce célèbre chasseur ; ils faillirent même être les seuls car la marine américaine n'en voulut d'abord pas. En effet, les premiers F4U avaient de nombreux défauts : ils rebondissaient à l'appontage sur les porte-avions et leur nez était tellement long que la visibilité vers l'avant en était très réduite. Ces fâcheuses caractéristiques, qui l'avaient d'ailleurs fait surnommer « hosenose » (« nez en trompe »), voire « Hog » (« cochon »), furent corrigées rapidement et l'appareil put enfin donner tout son potentiel.
Une croyance persiste encore aujourd'hui : celle de penser que ses ailes en « W » inversé étaient faites pour les piqués. Rien n'est plus faux : le Corsair avait simplement une gigantesque hélice qui, avec un diamètre de 4,10 m, aurait eu une garde au sol nettement insuffisante avec des ailes normales...

Le Corsair reste dans toutes les mémoires comme l'appareil des « têtes brûlées » : l'escadron VMF 214 des Marines, commandée par le major Gregory Boyington.
Même si l'histoire des « têtes brûlées » (les « black sheep », « moutons noirs » aux USA) a été très romancée à la télévision, cette unité a réellement existé, tout comme son chef surnommé « Papy » en raison de son « âge avancé » pour un pilote de chasse : il a alors 30 ans !
Boyington finit la guerre dans un camp de prisonniers, après avoir été abattu en mer et récupéré par un sous-marin japonais. Mais on le crut mort et il fut même décoré de la Médaille d'Honneur du Congrès, à titre posthume...

29

Mitsubishi A6M Zero

Le plus fameux de tous les chasseurs japonais, le Zero (pour sa désignation japonaise : *« chasseur embarqué de type O modèle 11 »*) était un monomoteur conçu pour la marine impériale selon deux critères essentiels : un énorme rayon d'action et une maniabilité exceptionnelle. Et il est vrai que dès les premiers combats de la Guerre du Pacifique, le Zero fut une terrible surprise pour les aviateurs alliés. Capable d'évolutions incroyables, il se retrouvait très vite dans le sillage des pilotes qui commettaient l'erreur de s'engager en combat tournoyant. Même le fameux Spitfire britannique — dont la maniabilité était le point fort — n'avait aucune chance face à un Zero dans ce type d'engagement. Ce ne fut que lorsque les Alliés mirent à profit les atouts de leurs appareils : la vitesse en piqué et la puissance de feu, que les pilotes de Zero commencèrent à souffrir, principalement en raison de l'absence totale de protection pour l'avion comme pour le pilote. Tout ayant été sacrifié à la légèreté, un Zero s'enflammait dès les premiers coups au but.

Le plus grand as japonais, Saburo Sakaï, pilote des Zero quasiment du début à la fin de la guerre. Il est l'un des rares pilotes de chasse nippons à avoir survécu à tant d'affrontements et son score définitif, encore sujet à caution, est estimé à plus de 60 victoires.

Le 8 août 1942, il décolle de Rabaul pour l'île de Guadalcanal où une terrible bataille oppose les forces japonaises aux Marines américains qui viennent d'y débarquer.

Sur la zone, il attaque des appareils américains qu'il croit identifier comme étant des chasseurs de type Wildcat. C'est une erreur : ce sont des Grumman Avenger qui possèdent une défense vers l'arrière. Les aviateurs américains ripostent et Sakaï est atteint d'une balle de 7,62 mm dans le crâne. Aveugle d'un œil et à demi-paralysé, il envisage tout d'abord d'en finir en se jetant sur l'un des navires ennemis. Mais retrouvant un semblant de vision, il entreprend le vol de retour vers Rabaul, distant de 1 000 km. C'est un martyre de près de cinq heures durant lesquelles, assommé par la douleur, le pilote japonais perd régulièrement connaissance et frappe sur sa blessure pour rester éveillé.

Finalement parvenu jusqu'à sa base, il insiste pour faire son rapport, avant de sombrer dans le coma.

Après la guerre, Saburo Sakaï fut tellement déçu par l'attitude du gouvernement japonais envers les anciens combattants, qu'il fit don du casque et des lunettes de cette mission (portant toujours les traces de l'impact et de son sang) au musée de la guerre du Pacifique situé à Fredericksburg, au Texas, la ville originaire de l'amiral Nimitz : le plus grand adversaire de la marine japonaise...

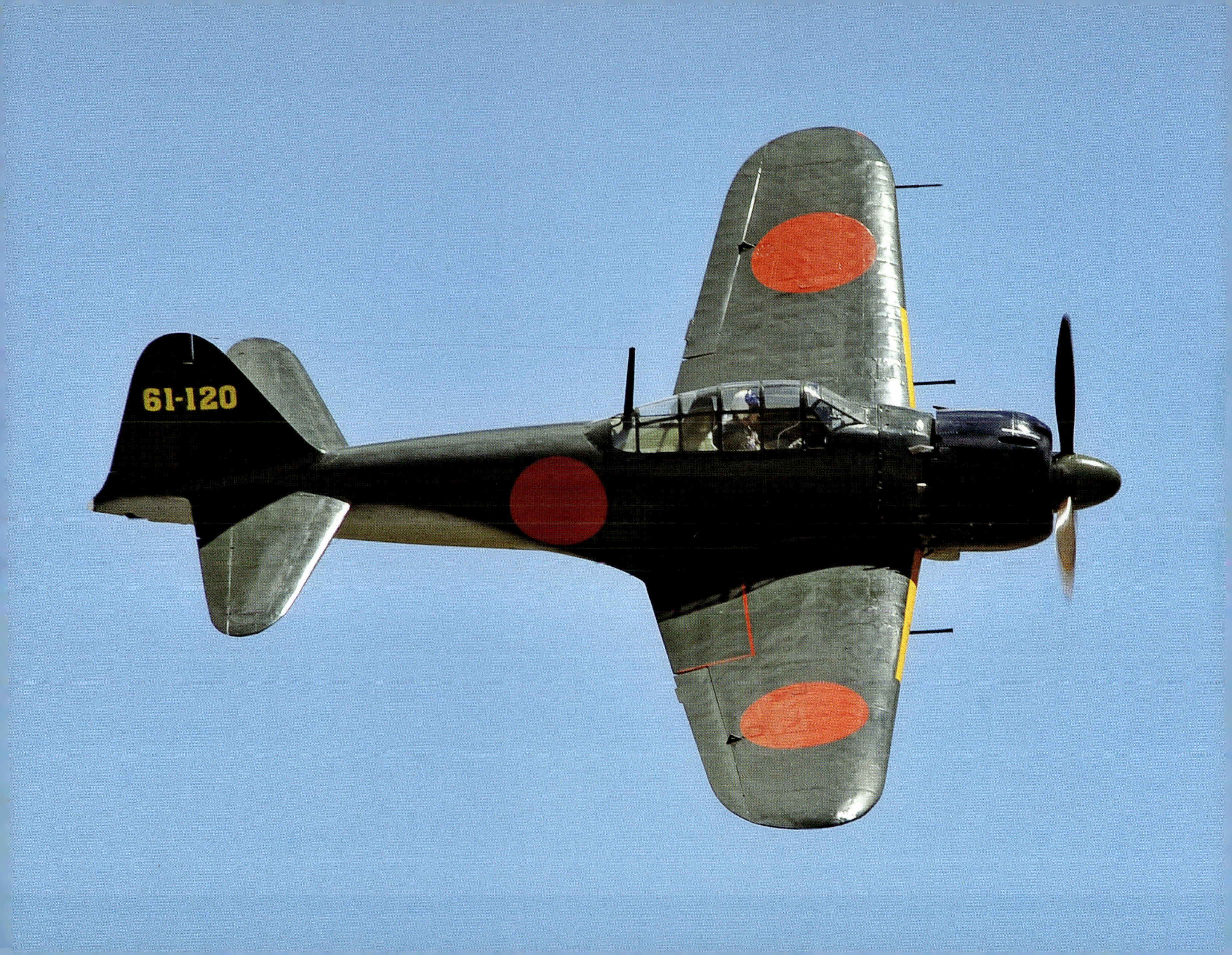
61-120

Lockheed PV-2 Harpoon

Le Harpoon (« harpon ») était un bimoteur de patrouille maritime directement dérivé d'un modèle précédent : le PV-1 Ventura qui avait connu un grand succès et auquel il ressemblait énormément.
Capable de voler à 450 km/h avec un rayon d'action de 2 800 km, le Harpoon était armé de 5 mitrailleuses de 12,7 mm dans le nez (version standard), auxquelles s'ajoutaient 4 armes similaires pour la défense : deux dans la tourelle supérieure et deux autres dans un poste ventral.
La charge emportée en soute atteignait 1 800 kg de bombes, roquettes, torpille ou charges anti-sous-marines. Il était en outre équipé d'un radar de recherche.
Principalement utilisés par la marine américaine, les Harpoon et Ventura furent également employés par quelques pays étrangers dont le Royaume Uni et la France.

Harpoon et Ventura sont très réussis et d'une exceptionnelle vélocité pour des machines d'un tel tonnage. L'exemple en est donné par ce qui arrive le 17 septembre 1944 au Ventura piloté par le lieutenant Littlelton, de l'escadrille VB-136 stationnée dans les îles Aléoutiennes.
Au retour d'une mission de bombardement, le bimoteur est attaqué par quatre chasseurs japonais Ki-44 Shoki ; de petits monomoteurs rapides et bien armés. Engageant son avion dans un virage très serré, Littleton se retrouve en « face-à-face » et tire avec ses mitrailleuses de nez. Probablement touché, le Shoki entame une ressource brutale que met immédiatement à profit le mitrailleur supérieur du Ventura qui l'abat d'une rafale. Lorsqu'un second appareil ennemi engage à nouveau l'américain, son pilote part dans un piqué abrupt qui se termine à moins de dix mètres des vagues. L'accélération de l'avion est telle que le chasseur japonais est laissé sur place.
Cet échange explique facilement pourquoi les Harpoon et les Ventura furent des appareils très appréciés de leurs équipages.

84
84
72

Hispano Aviacion Ha-1112 *Buchon*

Le Buchon (nom d'une variété de pigeon) était la version espagnole — construite sous licence — du fameux Messerschmitt BF 109 G, le chasseur vedette de la Luftwaffe pendant la Seconde Guerre mondiale. La différence principale avec ce dernier résidait dans une motorisation différente : un Rolls Royce Merlin britannique en lieu et place du Daimler Benz d'origine. Cette modification lui grossissait le nez et diminuait davantage encore la vision vers l'avant.

Le Buchon était réputé aussi délicat à piloter que le BF 109, lequel n'était déjà pas facile. Le principal danger était de laisser la vitesse tomber lors de la prise de terrain avant l'atterrissage. L'un comme l'autre de ces deux chasseurs « décrochaient » brutalement sans aucun avertissement ; une abattée fatale qui tuait généralement le pilote.

La seule heure de gloire des Buchon fut le tournage du film « *la bataille d'Angleterre* ». Ils y campaient les Messerschmitt BF 109 E qui équipaient l'aviation allemande en 1940.

A l'inverse, le « vrai » 109 combattit sans discontinuer pendant près de dix ans, de la guerre d'Espagne à la guerre d'indépendance de l'Etat d'Israël en 1948. Ironie de l'histoire, c'est effet au-dessus du futur Etat hébreu que la dernière version — construite en Tchécoslovaquie — combattit... revêtue de l'étoile de David !

L'un des plus fameux pilotes de Messerschmitt 109 est le capitaine Hans Joachim Marseille ; le seul à remporter la totalité de ses 158 victoires contre la Royal Air Force, principalement sur le front africain.

Beaucoup d'anciens pilotes de chasse allemands le considèrent comme le meilleur de tous.

Sa maîtrise du 109 est si parfaite qu'il est capable d'abattre un Spitfire — pourtant réputé plus maniable — en combat tournoyant.

Surnommé *« l'Etoile d'Afrique »*, sa légende est telle qu'en Allemagne, ses admiratrices lui envoient des lettres d'amour uniquement marquées *« Die Stern von Afrika »* et elles lui parviennent.

Mais peu savent que Marseille, déjà peu enclin à la discipline et assez fantasque dans sa façon de vivre, est en réalité totalement écœuré par le régime nazi. Ce bel officier blond aux yeux clairs — archétype de l'aryen rêvé par la propagande du IIIe Reich — a même choisi comme ordonnance un Sud-Africain de couleur nommé Mathias, ex-prisonnier de la 8e armée britannique. Mathias va rester fidèle à son patron jusqu'à sa mort accidentelle, le 30 septembre 1942, quand, de retour de mission avec l'un des tous premiers modèles de BF 109 de type « G », le moteur de l'*« Etoile d'Afrique »* prend soudainement feu. Marseille saute en parachute, mais se tue en heurtant la dérive de l'avion.

Il a alors 22 ans et à titre comparatif, le plus grand as de tous les temps : Erich Hartmann, lui aussi pilote de « 109 », ne remportera la première de ses 352 victoires que deux mois après...

Grumman

Grumman

Avenger

L'Avenger (« vengeur ») était un gros avion torpilleur développé pour la marine américaine. Comme presque tous les avions embarqués, il avait des ailes repliables.

Armé d'une torpille, de charges sous-marines, de bombes en soute ou de roquettes sous les ailes, c'était aussi un avion polyvalent qui fut employé jusqu'à la fin des hostilités, aussi bien sous les couleurs américaines que britanniques.

Il opéra dans la bataille du Pacifique comme celle de l'Atlantique, où il devint l'un des chasseurs de sous-marins les plus redoutés.

Il resta en service jusque dans les années cinquante, utilisé par nombre de nations dont la France.

Comme bon nombre d'appareils américains de la Seconde Guerre mondiale, l'Avenger est, malgré sa taille impressionnante, un avion de combat facile à piloter. C'est une caractéristique primordiale pour répondre à la cadence rapide à laquelle sont alors formés les pilotes. C'est ainsi que les Avenger sont de toutes les grandes batailles du Pacifique, responsables à eux seuls d'une bonne part du tonnage japonais coulé. Ils sont souvent pilotés par des jeunes gens d'à peine 20 ans, comme celui qui décolle le 2 septembre 1944 du porte-avions USS *San Jacinto*, afin d'accomplir une mission de bombardement sur une station radio ennemie.

Arrivé au-dessus de l'objectif, son Avenger est touché par la DCA mais le jeune pilote poursuit son attaque et bombarde sa cible avant de s'éloigner. Très vite, l'avion blessé prend feu et l'équipage doit sauter. Deux hommes sur trois y parviennent mais seul le pilote arrive vivant dans l'océan. Sa situation n'est toutefois pas brillante : il est à proximité du rivage et peut voir les Japonais mettre des embarcations à l'eau pour le capturer. Heureusement, les avions du *San Jacinto* se relaient et protègent leur camarade pendant plusieurs heures, jusqu'à ce que le sous-marin USS *Finback* arrive dans la zone et récupère le naufragé. Le pilote regrettera toujours d'avoir poursuivi son attaque plutôt que de donner une chance de sauter à son équipage. C'est Georges Bush père, qui deviendra plus tard président des Etats-Unis.

46

North American P-51 *Mustang*

Capable de s'opposer à n'importe quel adversaire à hélice, le Mustang (du nom d'un cheval sauvage américain) est considéré par beaucoup comme le meilleur chasseur allié de la Seconde Guerre mondiale. Armé de 6 mitrailleuses de 12,7 mm dans sa version principale « D », il était maniable, solide et bien protégé. L'une de ses caractéristiques principales était son aile au profil dit « laminaire », dont le dessin améliorait la pénétration dans l'air. Le Mustang avait également une énorme capacité interne de carburant, elle-même augmentée par deux réservoirs largables portés sous les ailes. Tout ceci en faisait un chasseur capable d'escorter les bombardiers américains de bout en bout durant leur longue pénétration au cœur de l'Allemagne.
Nombre d'historiens considèrent son entrée en service comme le tournant de la guerre aérienne en Europe.

Le 6 août 1944, le major George Preddy, surnommé « ratsy » (« petit rat »), en raison de sa petite taille et de ses grandes oreilles, décolle pour une longue mission d'escorte de bombardiers jusqu'à Berlin ; un vol d'une durée de six heures.
« Ratsy » n'est pourtant guère en forme : la veille, la météo a certifié que la mission serait annulée et les pilotes du fameux 352e groupe — auquel il appartient — ont fait une fête mémorable. En conséquence, le pilote est maintenant terriblement malade, vomissant régulièrement dans le cockpit de son tout nouveau Mustang modèle « D » orné, comme tous ceux du 352e, d'un magnifique nez bleu. Mais dès que les gigantesques formations américaines parviennent en territoire ennemi, une trentaine de chasseurs allemands se jettent sur le groupe de quadrimoteurs dont il est chargé d'assurer la protection. Sa « gueule de bois » instantanément envolée, il réalise alors en quelques minutes l'un des plus grands exploits de l'histoire de l'aviation militaire américaine, en abattant à lui seul 6 chasseurs ennemis.
Son tour d'opération achevé, il retourne aux Etats-Unis où il est reçu en héros. Mais à l'inverse de la plupart des as américains, il va demander à repartir au combat, toujours au 352e groupe. Devenu l'as des as des Mustang avec 27 victoires, il est abattu par erreur le jour de Noël 1944, par une batterie de DCA américaine qui l'a confondu avec le chasseur allemand qu'il poursuivait. Son frère William — également pilote de P-51 — disparaît lui aussi au combat le 17 avril 1945, trois semaines avant la fin de la guerre.
Ils sont aujourd'hui enterrés côte à côte dans le cimetière américain de St-Avold, en Lorraine.

ALL-COAST
FOREST PRODUCTS, INC.
Lady Jo

Curtiss H75

Curtiss H75

Hawk

Le Curtiss Hawk (« faucon ») était un chasseur à moteur en étoile qui fut employé au tout début de la seconde guerre mondiale, essentiellement durant la Bataille de France. Malgré une vitesse à peine supérieure à 500 km/h et un armement de 6 mitrailleuses de 7,5 mm, il était très maniable et sera le meilleur chasseur français de cette période, s'il l'on excepte le Dewoitine 520 qui n'arriva que tardivement en opération. Les pilotes de H75 sont crédités d'environ 230 victoires confirmées.

L'un des meilleurs pilotes de Hawk est le capitaine Jean Accart, qui appartient au groupe de chasse 1/5.
Le 1er juin 1940 et alors qu'il est déjà titulaire de 11 victoires, il attaque un bombardier allemand Heinkel 111. L'un des mitrailleurs du bimoteur riposte et le pare-brise du Curtiss d'Accart est traversé par une balle qui vient se loger entre ses deux yeux. Miraculeusement, celle-ci n'atteint pas les lobes du cerveau et le pilote parvient à sauter, mais il heurte son avion et arrive au sol atteint de nombreuses fractures.
A l'hôpital, on juge plus prudent de laisser la balle là où elle s'est logée, mais le pilote reste cloué au sol jusqu'à l'armistice. En 1943 pourtant, il s'évade de France et reprend du service à la tête du groupe de chasse français 2/2 *« Berry »* ; une unité équipée de Spitfire qui opère dans les rangs de la Royal Air Force. Accart la mène au combat jusqu'en novembre 1944.
Jean Accart mourra en 1992 à l'âge de 80 ans ; gardant pour toujours sa balle entre les deux yeux...

CURTISS
H75-C1
N° 82

Grumman F8F

Grumman F8F *Bearcat*

Le Bearcat est considéré comme l'aboutissement américain ultime en matière de chasseur à hélice. Conçu pour opérer à partir des porte-avions de l'US Navy, c'était un monomoteur de petite taille (8,6 m de long) mais dont le moteur Pratt & Whittney de 2 100 ch assurait une vitesse de 680 km/h. Son armement était conséquent : 4 mitrailleuses de 12,7 mm dans les ailes (ou 4 canons de 20 mm dans les versions tardives). Il emportait également des charges externes : bombes, roquettes ou réservoir supplémentaire. Capable d'encaisser des accélérations allant jusqu'à 7,5 G, il était aussi maniable que le fameux Zero japonais mais entra trop tard en service pour l'affronter. Sa vitesse ascensionnelle était extraordinaire et ne fut surpassée qu'avec l'arrivée des premiers chasseurs à réaction.

C'est sous les couleurs françaises que le Bearcat connaît le combat, durant la guerre d'Indochine. Malgré le camouflage bleu de l'US Navy, il est pourtant bel et bien un avion de l'armée de l'air, et lui qui a été conçu comme chasseur pur, n'effectue que des missions d'attaque au sol. Il est d'ailleurs l'un des défenseurs acharnés du camp retranché de Diên-Biên-Phu en 1954. Aux basses altitudes à laquelle il effectue ce genre de travail, son principal inconvénient est le manque d'air conditionné. Les pilotes, déjà coincé avec leur parachute dans un habitacle exigu, doivent parfois endurer des températures de 50°C !
C'est le dernier chasseur à hélice de la firme Grumman, et comme tous ses congénères il porte un nom de chat (Bearcat : chat tigre) une tradition qui persistera jusqu'au fameux F-14 « Tomcat ».

201

Boeing B-29 *Superfortress*

La « super forteresse » est le plus puissant des bombardiers américains construits durant la Seconde Guerre mondiale. Il comportait un grand nombre d'innovations techniques, telle la pressurisation qui permettait aux membres d'équipage de s'affranchir du port des masques à oxygène. Il avait un train d'atterrissage tricycle et un système unique de quatre tourelles de mitrailleuses télécommandées à distance, depuis des postes de tirs qui centralisaient les commandes et déterminaient les priorités dans les menaces. Ses deux soutes à bombes contenaient une dizaine de tonnes d'explosifs et son rayon d'action phénoménal pouvait lui faire franchir des distances — énormes pour l'époque — de plus de 5 000 km.
Avec quatre moteurs affichant chacun une puissance de 2 200 ch, il volait à la vitesse maximale de 600 km/h. A l'altitude à laquelle il était capable d'évoluer — près de 10 000 mètres — c'était beaucoup trop rapide pour la plupart des chasseurs japonais qui tentaient de l'intercepter.
Contrairement à ce que nombre de gens croient encore, la « super forteresse » ne fut jamais employée en Europe. Au moment où le B-29 entra en service, les stratèges de l'aviation américaine estimaient en effet que les B-24 et B-17 — opérant à partir de l'Angleterre et de l'Italie — suffisaient à la tâche. En revanche, les énormes distances à couvrir au-dessus du Pacifique fit que le B-29 y fut dirigé en priorité. Il débuta ses bombardements sur le Japon en juin 1944.

Avec le 509e groupe spécial de bombardement américain, le B-29 reste à jamais dans l'histoire comme le premier — et l'on espère le seul — bombardier à avoir largué une bombe atomique durant un conflit.
Le 6 août 1945, c'est une Superfortress baptisée « Enola Gay » qui bombarde Hiroshima. La ville de Nagasaki subissant le même traitement trois jours plus tard.
Une légende persista pendant des décennies sur le compte du colonel Paul Tibbets, commandant du 509e groupe, qui avait lui-même assuré la mission sur Hiroshima. On le disait fou, suicidé, malade de remords ou même retiré dans un monastère. Rien n'était plus faux : Tibbets poursuivit une longue carrière dans l'armée de l'air américaine et fut même en poste au QG de l'OTAN alors en France ; c'est d'ailleurs à cette période qu'il rencontra sa seconde épouse, laquelle était française.
Ce qu'il ignorait alors, c'est l'existence au Japon de Tsutomu Yamaguchi, un jeune ingénieur maritime qui avait été envoyé à Hiroshima pour son travail. Brûlé au visage et à un bras par l'explosion de la bombe, il survécut néanmoins et rentra chez lui pour se rétablir. Il habitait Nagasaki...
Yamaguchi est l'une des très rares victimes à avoir survécu aux deux bombardements atomiques. Il est mort en 2010 à l'âge de 93 ans, après avoir milité toute sa vie pour la disparition des armes atomiques dans le monde.

A

A

"FIFI"
NO SMOKING

Remerciements

À l'exception du Klemm 35, dont les photos aériennes n'ont été possibles que grâce à la complicité de son pilote : Thierry Klemm, et de ses amis de l'Association des Ailes Anciennes de Lorraine (basée à Doncourt-lès-Conflans), les images qui composent ce livre ont été réalisées lors des meetings aériens de Duxford au Royaume-Uni, de Chino en Californie et de Midland au Texas.

Je remercie Esther Blaine, chargée de communication de l'Imperial War Museum de Duxford, qui m'accorde régulièrement le bénéfice d'une place dans l'enclos « presse », lors des superbes shows aériens qui animent ce terrain historique au fil de l'année.

Mes remerciements vont également à mes deux vieux complices américains de toujours :

Frank Mormillo, photographe aéronautique renommé, chargé de communication du « Planes of Fame Museum », qui m'accueille à chacune de mes visites avec le souci de l'ami comme celui du professionnel. La plupart des photos air-air de ce livre sont à mettre au crédit de ses efforts pour me trouver une place dans le B-25 « Mitchell » d'accompagnement.

Et enfin Ken Dawson, longtemps associé à la « Commemorative Air Force » de Midland et grâce auquel j'ai pu un jour connaître l'expérience extraordinaire de voler à bord d'un P-51 « Mustang ».

L'auteur

Arnaud Beinat

Arnaud Beinat est journaliste depuis 1988 ; une carrière débutée comme reporter photographe à l'agence Sipa-Press et rapidement poursuivie en « freelance », spécialisé dans les domaines du secours, de la sécurité et de la défense.
Avec le terrain comme priorité absolue, il a effectué de nombreux reportages avec des unités de Gendarmerie ou de Police, ainsi qu'avec des compagnies de combat françaises et étrangères, en manœuvres ou sur les théâtres d'opérations où elles sont aujourd'hui engagées.
Ses reportages sont publiés chaque mois — essentiellement dans la presse spécialisée dont RAIDS et Police-Pro — et ses photos sont actuellement distribuées en agence.
Sa passion pour l'histoire et la mémoire l'ont depuis longtemps rapproché des anciens combattants et de tous les lieux où persiste le souvenir.

Arnaud Beinat est déjà l'auteur de trois ouvrages : *Interventions* et *Les pompiers*, réalisés avec les sapeurs-pompiers de sa ville, Metz — qu'il suit depuis toujours avec le statut de volontaire — et *La force aérienne de combat*, édité au milieu des années quatre-vingt-dix et pour lequel il accumula plus de 50 heures de vol sur les principaux avions de combat de l'Armée de l'Air française ainsi qu'avec la Patrouille de France.

CURTISS
H75-C1
N° 82

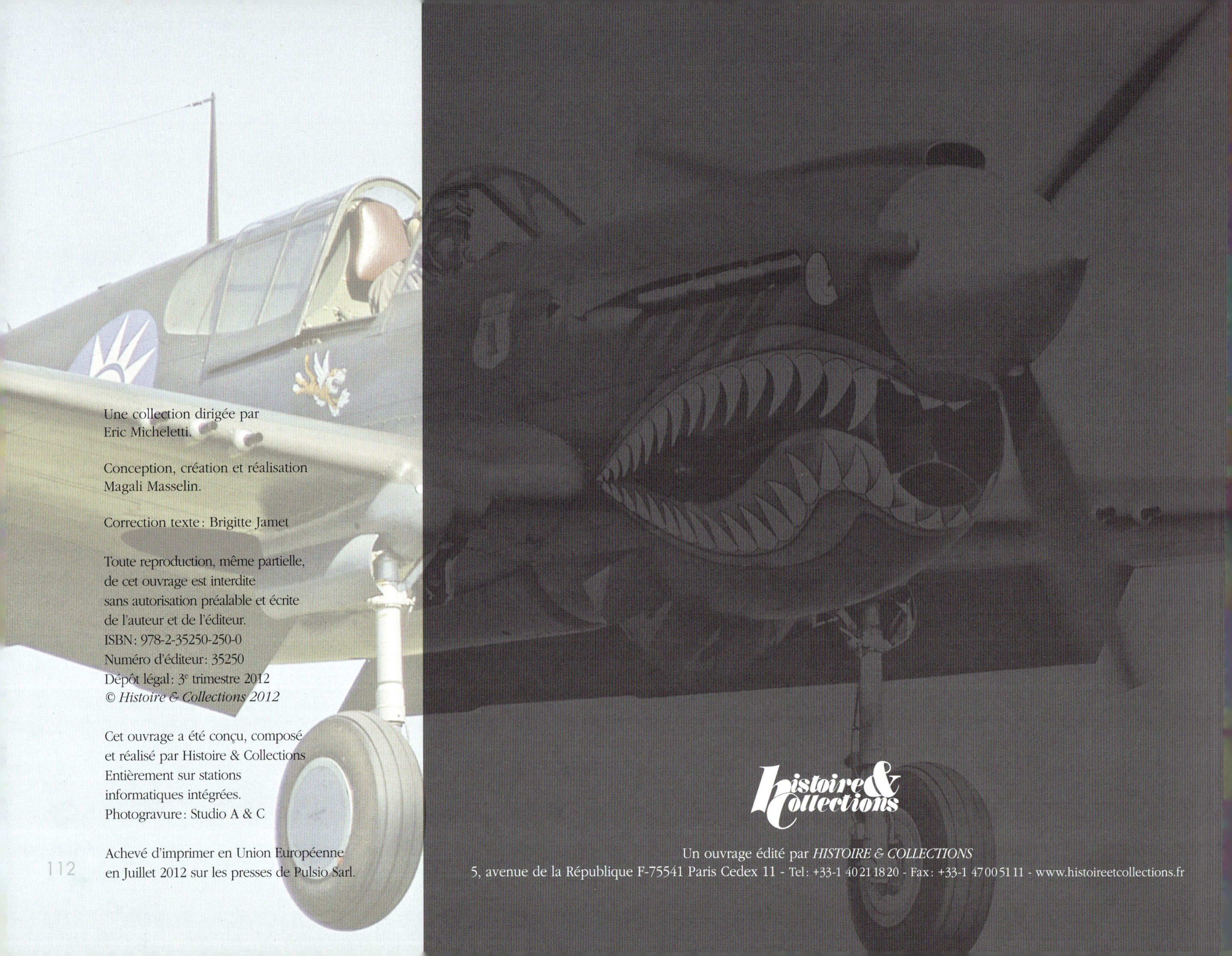

Une collection dirigée par
Eric Micheletti.

Conception, création et réalisation
Magali Masselin.

Correction texte : Brigitte Jamet

ISBN : 978-2-35250-250-0
Numéro d'éditeur : 35250
Dépôt légal : 3e trimestre 2012

Cet ouvrage a été conçu, composé
et réalisé par Histoire & Collections
Entièrement sur stations
informatiques intégrées.
Photogravure : Studio A & C

Achevé d'imprimer en Union Européenne
en Juillet 2012 sur les presses de Pulsio Sarl.

Histoire & Collections

Un ouvrage édité par *HISTOIRE & COLLECTIONS*
5, avenue de la République F-75541 Paris Cedex 11 - Tel : +33-1 40 21 18 20 - Fax : +33-1 47 00 51 11 - www.histoireetcollections.fr